BTS

ADRIAN BESLEY

BTS

A BIOGRAFIA NÃO OFICIAL DOS ÍCONES DO K-POP

Tradução de
Viviane Diniz

9ª edição

Galera
RIO DE JANEIRO
2022

CIP-BRASIL. CATALOGAÇÃO NA PUBLICAÇÃO
SINDICATO NACIONAL DOS EDITORES DE LIVROS, RJ

Besley, Adrian
B465b BTS: a biografia não oficial dos ícones do K-pop / Adrian Besley; tradução
9ª ed. Viviane Diniz. – 9ª ed. – Rio de Janeiro: Galera Record, 2022.

Tradução de: BTS: icons of kpop
ISBN 978-85-01-11645-1

1. BTS (Conjunto musical). 2. Música popular – Coreia (Sul) – Biografia.
I. Lopes, Viviane Diniz. II. Título.

CDD: 927.8163
19-55215 CDU: 929:78(519.5)

Leandra Felix da Cruz – Bibliotecária – CRB-7/6135

Título original:
BTS: Icons of K-pop

Publicado originalmente na Grã-Bretanha em 2018 por Michael O'Mara Books Limited.
9 Lion Yard, Tremadoc Road, London, SW4 7NQ

Texto revisado segundo o novo Acordo Ortográfico da Língua Portuguesa.

Direitos exclusivos de publicação em língua portuguesa somente para o Brasil adquiridos pela
EDITORA RECORD LTDA.
Rua Argentina, 171 – Rio de Janeiro, RJ – 20921-380 – Tel.: (21) 2585-2000,
que se reserva a propriedade literária desta tradução.

Impresso no Brasil

ISBN 978-85-01-11645-1

Seja um leitor preferencial Record
Cadastre-se no site www.record.com.br
e receba informações sobre nossos
lançamentos e nossas promoções.

Atendimento e venda direta ao leitor
sac@record.com.br

Para Nora e Polly

SUMÁRIO

INTRODUÇÃO

MUNDO BANGTAN

Em maio de 2018, quando o BTS liderou as paradas da Billboard nos Estados Unidos, muitas pessoas não conheciam o grupo nem sabiam de onde ele tinha vindo. A resposta, porém, era muito simples: BTS são sete garotos muito talentosos da Coreia do Sul que produzem um estilo de música que o mundo inteiro aprendeu a amar. Mas aqueles que seguem o K-pop, principalmente o Army, a dedicada base de fãs do BTS, sabem que eles são muito mais do que isso.

Apesar de ser um dos muitos grupos de K-pop, o BTS se destaca por ser diferente de qualquer outro na história da cultura do entretenimento coreano. Além de terem conquistado sucesso sem o apoio de uma grande empresa do ramo musical, os membros do grupo participam das composições e da produção de suas próprias canções. E o que é mais notável: eles não têm medo de falar sobre suas aspirações e ansiedades, e de serem a voz de sua geração.

Este livro acompanha a ascensão do BTS, de sete garotos com um sonho para um grupo superfamoso que compartilha a mesma visão de sucesso global. *BTS: A biografia não oficial dos ícones do K-pop* mostrará como esses jovens chegaram tão longe cantando e fazendo rap em uma língua que muitos provavelmente não entendem. Suas músicas são uma irresistível combinação de letras fáceis de gravar e melodias cativantes, e as coreografias são simplesmente incríveis. O livro também vai examinar as origens da música do BTS, detalhar exatamente como é vê-los ao vivo e listar os grandes nomes que o grupo conheceu ao longo do caminho. E também, é claro, falar sobre seus cortes de cabelo e suas roupas. Bem-vindo ao mundo Bangtan!

O livro também falará sobre os fãs da banda. Army é um dos fandoms mais — se não *o* mais — bem-informados, dedicados e unidos do mundo. Não só têm um amor fervoroso pelo grupo, como traduzem as letras e entrevistas, ajudaram o BTS a conquistar prêmios e criaram uma comunidade online que reflete os ideais dos meninos. Sua história é parte da história do BTS, e um não seria o mesmo sem o outro.

O BTS também é bastante conhecido por sua maciça presença online, com destaque para as Bangtan bombs — vídeos curtos bem-humorados em que os rapazes falam sobre os momentos mais marcantes da vida deles e nos dão a chance de conhecer um pouco melhor o dia a dia do grupo. Algumas das Bangtan bombs estão registradas nestas páginas. E, para completar, há um glossário no final do livro com algumas palavras em coreano e termos úteis do universo K-pop.

A jornada do grupo não foi fácil, e cada um dos membros teve que batalhar muito. De jovens *trainees* de origem simples a um grupo de sucesso, eles ensaiaram até atingir a perfeição, com uma determinação e dedicação que são evidentes. O livro também fala de suas personalidades, amizades, momentos de insegurança e de toda a alegria alcançada com suas conquistas.

O BTS tem milhões de fãs em todo o mundo e alcançou muitos de seus objetivos. Os garotos já chegaram bem longe e ainda têm muito mais a percorrer, mas, independente do que o futuro lhes reserve, é fascinante a história de como se tornaram ícones não apenas do K-pop, mas do mundo. Espero que goste de vê-la contada pela primeira vez.

Adrian Besley

1

BEM-VINDOS AO MUNDO BANGTAN

Você já viu artistas como o BTS antes? Aqueles movimentos coreografados? Rappers e cantores no mesmo grupo? Garotos morando e ensaiando juntos por anos antes de sua primeira apresentação? Apresentando-se em um fluxo constante de shows ou aceitando desafios estranhos na televisão? Se você acompanha o mundo do K-pop nos últimos dez anos, provavelmente deve ter visto algo parecido — ainda que nenhum grupo tenha feito essas coisas como o BTS.

A história do BTS não pode ser contada sem que se faça referência à cultura e às tradições do K-pop. Embora agora sejam um fenômeno internacional, o BTS já foi apenas um grupo de garotos empolgados com a ideia de fazer música. Nessa época, gravar suas primeiras canções e se apresentar na televisão coreana parecia a maior das conquistas. Eles haviam crescido com o K-pop e entendiam as expectativas, dificuldades e provações características da vida de um ídolo. E terem corrido atrás e alcançado esse sucesso contra todas as expectativas, e desafiando os limites do K-pop, é apenas um aspecto da incrível natureza desse grupo.

O que chamamos de K-pop teve início em 1992. O marco pode ter sido a apresentação de Seo Taiji and Boys em um show de talentos da TV com seu single "Nan Arayo" ("I Know"). Eles ficaram em último lugar no show de talentos, mas a canção, uma fusão inovadora de pop norte-americano e coreano, alcançou o topo dos charts (como são chamadas as paradas musi-

Seo Taiji and Boys (que anos mais tarde convidaria o BTS para se apresentar em sua turnê de reunião) inspirou uma série de novos grupos ansiosos por criar música coreana influenciada pelo som americano do rock, pop, R&B e principalmente hip-hop dos anos 1990.

cais na Coreia do Sul) em pouquíssimo tempo, permanecendo nessa posição por dezessete semanas. Seo Taiji and Boys (que anos mais tarde convidaria o BTS para se apresentar em sua turnê de reunião) inspirou uma série de novos grupos ansiosos por criar música coreana influenciada pelo som americano do rock, pop, R&B e principalmente hip-hop dos anos 1990.

Apesar da influência norte-americana, a música pop coreana tem características próprias. O conservador código moral coreano, por exemplo, está presente nas letras das músicas. Referências a sexo, drogas e álcool são banidas do rádio e da televisão. Também são bem raras letras que contenham críticas à sociedade ou que levantem questões políticas. Espera-se que os artistas sejam sempre encantadores e inocentes.

A televisão coreana, assistida por milhões de pessoas, tem um papel fundamental no sucesso dos artistas de K-pop. Programas musicais, como *Inkigayo*, *Music Core*, *Music Bank*, *M Countdown*, *Show Champion* e *The Show Choice*, proliferam e garantem a aparição de artistas pop toda semana na televisão coreana. O fato de os programas geralmente exibirem apresentações "ao vivo" em vez de videoclipes garante que a performance seja um aspecto muito valorizado no K-pop. Coreografias perfeitas, presença de palco, figurinos incríveis e boa aparência são essenciais.

Os artistas apresentam suas músicas de *debut* (primeira) ou *comeback* (novas) nesses programas, e cada um deles recebe um troféu semanal baseado nas mudanças de posição nos charts, downloads e votos dos espectadores. Esses troféus são acirradamente disputados e a maior conquista para os artistas coreanos seria uma vitória esmagadora em todos os programas. "DNA", do BTS, é uma das quatro músicas a conseguir esse feito.

Programas de variedades em que artistas de K-pop dividem o palco com comediantes, atores e outras celebridades são incrivelmente populares na Coreia do Sul. Essa mistura de personalidades envolve entrevistas e performances, mas foca principalmente em desafios que destacam as habilidades e o humor dos artistas. O BTS causou uma excelente primeira impressão com aparições no *Knowing Bros* e no *Weekly Idol*, e depois passou a ter seus próprios programas de variedades, como *Rookie King*, *Run BTS!* e *BTS Gayo*. A TV coreana também transmite regularmente o Idol Stars, uma miniolimpíadas em que artistas de K-pop competem entre si em vários esportes. O BTS teve grande destaque no revezamento 4×400 de 2015.

Após terem se estabelecido, os artistas de K-pop aguardam ansiosamente a temporada de premiações durante o período do ano-novo. Há várias cerimônias, mas as mais importantes são a Golden Disc Awards, a Melon Music Awards (MMAs), a Mnet Asian Music Awards (MAMAs) e a Seoul Music Awards, que entregam *bonsangs*, prêmios dados aos melhores artistas. Entretanto, todos sonham mesmo é com um *daesang*, o prêmio dado ao artista do ano e, dependendo da cerimônia, para a música e o álbum do ano.

Com toda essa exposição e competição, espera-se que os artistas do K-pop sejam exímios cantores e dançarinos, tenham uma aparência incrível e mostrem sua personalidade. Isso não acontece naturalmente. Lembra do pioneiro Seo Taiji and Boys? Quando eles se separaram, em 1996, Yang Hyun-suk, um dos "Boys", fundou a YG Entertainment a fim de criar, produzir e gerenciar grupos de K-pop. Por volta da mesma época, e com os mesmos objetivos, também foram formadas a SM Entertainment e a JYP Entertainment. As "Big Three" ["Três Grandes"], como ficaram conhecidas, acabariam dominando o mundo do K-pop e criando a fórmula responsável pelos artistas e grupos de sucesso que são conhecidos como *idols*.

Os jovens artistas, muitas vezes no início da adolescência ou até mais jovens, são contratados como *trainees* e moram em dormitórios com outros talentos promissores.

O processo começa com as empresas promovendo disputadas audições e shows de talentos em busca de ídolos em potencial. Esses jovens artistas, muitas vezes no início da adolescência ou até mais jovens, são contratados como *trainees* e moram em dormitórios com outros talentos promissores. Juntos, enfrentam um extenuante período de treinamento de dança, canto, exercícios, dieta, aulas de inglês e japonês, e ainda sobre como se apresentar na TV e se comportar em público. Além de tudo isso, ainda precisam fazer os deveres da escola!

A empresa pode formar grupos com seus *trainees*, selecioná-los para trabalhar como artistas solo, e às vezes trocá-los de um lugar para o outro ou encerrar seus contratos se não se saírem bem ou não se adaptarem às exigências específicas. Grupos de K-pop geralmente têm mais membros do que seus equivalentes ocidentais, porque tentam oferecer aos fãs um pacote completo de habilidades. Há rappers, vocalistas, dançarinos e até mesmo artistas "visuais" — membros incluídos por sua aparência e presença no palco. A empresa escolhe o nome, a imagem, a coreografia e as músicas, geralmente com pouca participação do grupo.

Quase todos os grupos de K-pop têm um líder, frequentemente o integrante mais velho, embora não seja o caso do RM, do BTS. Os líderes atuam como porta-vozes nas aparições em público e nas premiações, mas também como intermediários, recebendo instruções da empresa e passando-as aos outros membros. O grupo também tem um *maknae*, nome dado ao membro mais jovem. No caso do BTS, essa posição é ocupada por Jungkook. O *maknae* é como o bebê da família, fofo e adorável. Bonitos e talentosos, são um grande motivo de orgulho para cada grupo.

O lançamento do artista, geralmente em um dos programas musicais semanais, é conhecido como seu "*debut stage*". É um momento importantíssimo para os novos grupos. Para isso, a empresa começa a preparar o terreno meses antes, liberando fotos promocionais dos integrantes, criando contas em redes sociais, publicando um *preview* das performances e até mesmo dando início a um fã-clube. A paixão dos fãs de K-pop é um dos elementos essenciais para manter o sucesso de um artista. A interação através das mídias sociais e de *fanmeetings* pode rapidamente atrair o apoio mais leal e dedicado. Esses fãs geralmente recebem um nome oficial dado pelo grupo, têm seus próprios fóruns e criam uma atmosfera incrível nos shows.

O grupo Twice chamou seu fã-clube de Once, o BIGBANG tem o VIP e, claro, o BTS tem o Army.

Os fãs de K-pop criaram maneiras engenhosas de interagir com seus ídolos. Não contentes em simplesmente gritar e aplaudir freneticamente, eles também erguem bastões de luz na cor do grupo, às vezes em movimentos coordenados, fazem enormes cartazes de apoio e entoam *fan chants* com o nome dos artistas, como gritos de guerra, ou com outras palavras de incentivo adaptadas à canção, seja no início das músicas e durante os *breaks* ou como resposta aos refrões.

Se um novo grupo tiver uma *debut* bem-sucedida e conquistar uma base de fãs, terão a chance de um *comeback*. Isso não significa que permanecem inativos por um tempo ou até mesmo que necessariamente fiquem um tempo sem se apresentar. É apenas o termo usado para o lançamento de um novo single ou álbum e sua apresentação nos programas semanais. Uma vez divulgado e promovido com antecedência, o *comeback* muitas vezes traz um novo "conceito": uma mudança sutil ou até mesmo importante na imagem ou no som.

Uma vez estabelecido, o grupo de K-pop está pronto para fazer parte da *hallyu*, a onda coreana. A cultura coreana vem ganhando destaque mundial na última década. Dos dramas televisivos aos cosméticos e principalmente à música pop, a cultura e os produtos de exportação sul-coreanos se tornaram cada vez mais populares do Japão aos Estados Unidos. O hit "Gangnam Style", de Psy, é o exemplo mais óbvio, mas BIGBANG, EXO e outros artistas também apareceram nas paradas da Billboard americana.

Conquistar tudo isso requer muito investimento, influência e know-how da empresa de entretenimento. Sucesso gera sucesso, e as Big Three passaram a dominar e controlar a indústria do K-pop. Alguns grupos tinham provado que era possível se estabelecer no mercado, mas alcançar sucesso como ídolos internacionais? Isso com certeza era sonhar muito alto. Seria preciso alguém com muita experiência, um pouco de sorte e muita força de vontade para mudar as regras e tradições do K-pop. E é aí que entra Bang Si-hyuk.

Bang Si-hyuk era um compositor e produtor de sucesso da empresa JYP, uma das Big Three. Sua fama como criador de grandes sucessos com grupos como g.o.d e Wonder Girls lhe valeu o apelido de "Hitman". Em 2005, ele deixou a JYP para fundar sua própria empresa de entretenimento, a Big Hit Entertainment. Após o sucesso obtido com o 2AM e o grupo de gênero misto 8Eight, em 2010, Bang teve a ideia de lançar um grupo de rap. E essa foi a semente que deu origem a um fenômeno do K-pop: o BTS.

Kim Namjoon, que, em pouco tempo, passaria a ser chamado de Rap Monster (mais tarde abreviado para RM), entrara para a Big Hit como rapper solo em 2010. Vinha fazendo rap no cenário *underground*, uma arena mais rebelde do que a do K-pop, em que os artistas podem se apresentar de forma independente, mas para um público comparativamente menor. Quando a ideia de um grupo de rap se consolidou na mente de Bang Si-hyuk, o produtor colocou RM em um grupo embrionário com outros rappers *underground* — incluindo Kidoh (que acabou no grupo *idol* Topp Dogg), Iron e Supreme Boi —, e que mais tarde se expandiu com a entrada de Min Yoongi (Suga).

Quando a ideia de um grupo de rap se consolidou na mente de Bang Si-hyuk, o produtor colocou RM em um grupo embrionário com outros rappers *underground*.

No final de 2011, Hitman mudou a direção do grupo em busca de um som menos centrado no rap e mais mainstream, com vocalistas que não fossem rappers. O prodígio da dança Jung Hoseok (J-Hope), que se juntara à companhia no ano anterior, era um dos possíveis cantores (só mais tarde ele se tornaria um rapper). Alguns dos rappers saíram do grupo, insatisfeitos com a nova abordagem. Supreme Boi permaneceu na Big Hit, mas como compositor e produtor. Ele viria a se tornar parte integrante do BTS — de muitas maneiras, o oitavo Bangtan Boy. Pdogg, produtor da Big Hit (e também um membro importante da equipe de produção do BTS), foi encarregado de montar o grupo. Tinha cerca de trinta *trainees* na Big Hit e, com esse objetivo, iria observá-los, gravá-los e avaliá-los, colocá-los em equipes e dar-lhes algumas atribuições.

No início de 2012, Jungkook, Taehyung (V) e Seokjin (Jin) fizeram o teste e se juntaram à Big Hit. No entanto, o *line-up* ainda não estava formado. O mix incluía outros *trainees*, como Jeong In-seong e Seung-Jun, que agora fazem parte do grupo KNK, e Suwoong, integrante do Boys Republic. Para todos esses rapazes, que tinham de enfrentar as dificuldades de um árduo treinamento e a saudade de casa, o futuro ainda era incerto: poderiam não ser selecionados para o grupo e, ainda que fossem, teriam um longo período de espera pela frente antes do lançamento oficial do grupo.

No início do verão de 2012, Jimin, o último membro a entrar para o grupo, assinou com a Big Hit. O BTS finalmente começava a tomar forma, com quatro deles compondo o que os fãs de K-pop chamam de *rap line* (Kidoh deixaria o grupo mais tarde naquele ano) e quatro na *vocal line*. Essa proposta do grupo tinha até nome. Big Kids and Young Nation foi um dos nomes pensados, mas Bangtan Sonyeondan, que significa Escoteiros à Prova de Balas, era a opção preferida — pelo menos pelo chefão da Big Hit, a opinião que mais contava.

Bang Si-hyuk tinha finalmente reunido e selecionado seu grupo: um líder inteligente e articulado, um campeão nacional de dança como dançarino principal; e um *maknae* que tinha talento para ter assinado com uma das Big Three.

Bang Si-hyuk tinha finalmente reunido e selecionado seu grupo. Rap Monster era o líder, o primeiro deles a se juntar à Big Hit. Além de inteligente e articulado, RM tinha o bônus de ser fluente em inglês; J-Hope, campeão nacional de dança, era o dançarino principal; e Jungkook, que tinha talento para ter assinado com uma das Big Three, estava escalado como *maknae*. Os outros, além de bastante promissores, haviam se mostrado prontos para se dedicarem às horas de trabalho duro necessárias. Acima de tudo, era um grupo absolutamente encantador de garotos, que pareciam ressaltar o que havia de melhor uns nos outros.

Bang Si-hyuk sabia o que queria para o novo grupo. E o batizara com um nome que mostrava que lutariam contra os preconceitos e as dificuldades enfrentadas por sua geração. Eles seriam a voz dos adolescentes e jovens de 20 e poucos anos. E, para que isso funcionasse, afrouxou algumas das amarras do K-pop. Deu ao grupo, a começar pela *rap line*, a oportunidade de contribuir com as letras. Encorajava-os a falar livremente sobre questões que afetam os jovens e possibilitou, através de todos os canais de mídias sociais disponíveis, que se aproximassem o máximo possível de seus fãs.

A missão do Bangtan Sonyeondan (que muitos logo chamariam de BTS) parecia enorme. A empresa tinha muito pouco dinheiro para lhes dar suporte e derrubar a supremacia do EXO e do Girls' Generation, da SM Entertainment, ou do BIGBANG e do G-Dragon, da YG. Suas músicas se baseavam no rap americano dos anos 1990, que estava perdendo popularidade na Coreia, e a atitude rebelde de suas canções já começava a desagradar muitas pessoas. Antes mesmo de começar, o grupo tinha uma enorme montanha para escalar. E, à medida que o ano de 2013 se aproximava, eles se preparavam para começar a subir essa montanha.

2

SOMOS À PROVA DE BALAS

Você consegue se lembrar de onde estava em 13 de junho de 2013? Foi uma quinta-feira e você provavelmente ainda estava enfiado sob as cobertas, sonhando, quando, do outro lado do mundo, em Seul, na Coreia do Sul, sete rapazes se apresentavam em um programa de música na TV. O BTS se tornava uma realidade.

Um dia, 13 de junho será um feriado internacional, mas vamos voltar um pouco no tempo... Na Coreia, há algum tempo surgiam *teasers* intrigantes sobre um novo grupo. Com sua extensa experiência no ramo do K-pop, Bang Si-hyuk, diretor-executivo da Big Hit Entertainment, sabia exatamente como criar alvoroço em torno de um novo grupo. Ainda em 2012, a Big Hit lançara um blog que anunciava o começo iminente do Bangtan Sonyeondan, apresentava os membros da banda e revelava suas fotos para os primeiros seguidores. A notícia se espalhava: a Big Hit tinha um novo grupo sensação.

A notícia se espalha: a Big Hit formou um novo grupo.

Em 17 de dezembro de 2012, foi criada uma conta do YouTube que dava a primeira amostra do que seria o BTS: um vídeo do integrante original Rap Monster fazendo uma versão de "Power", de Kanye West. Pouco tempo depois, disponibilizaram outro rap de RM: "Let's Introduce BANGTAN ROOM". Esses dois primeiros vídeos ainda estão no YouTube — confira no último a participação especial de Jin. E então, como um presente de Natal,

Bang Si-hyuk, diretor-executivo da Big Hit — sob o nome de Hitman Bang, como ficou conhecido —, apresentou "A Typical Trainee's Christmas". Essa meia canção, com um vídeo editado por ele mesmo, era um *teaser* para as próximas audições da Big Hit. Mais uma vez, RM assumia o microfone, mas dessa vez Jin e Suga, que tinham sido recrutados em uma audição anterior, apareceram.

Quem assiste ao vídeo vê logo que aqueles garotos não estavam fazendo o jogo de sempre. Ali estava um grupo que não tinha medo de responder à gravadora; um grupo que iria revelar exatamente como era a vida de um ídolo em treinamento. Enquanto Jin cantava a doce abertura de "Last Christmas", sucesso de 1984 do Wham!, a *rap line* se queixa de um Natal solitário com treinos intermináveis e até pergunta como o grupo poderia escrever canções de amor se não namorava.

No mesmo dia em que a conta do YouTube foi criada, o BTS entrou para a Twittersfera com a promessa de que o caminho até seu *debut* seria repleto de divertidas proezas. Quem pensaria que, em poucos anos, eles dominariam o Twitter! Era quase 2013 e o BTS já começava a aparecer... se você fosse fã de K-pop e estivesse atento.

Em janeiro de 2013, uma nova música chegou ao YouTube. Um vídeo simples, mas engenhosamente filmado com o uso de fundo preto e close-ups extremos mostrava RM, Suga e Jin fazendo rap. "School of Tears" utilizava as batidas e o ritmo de "Swimming Pools", de Kendrick Lamar, mas o trio cantava sua própria letra. De maneira bem pessoal, falavam do lado sombrio da vida escolar: o bullying e o medo daqueles que não protegem o intimidado para não verem a mesma coisa acontecer com eles. RM exibia os novos dreadlocks que colocou para o ano-novo (e que tiraria mais tarde, no final de janeiro). Em setembro de 2016, os outros integrantes do BTS o surpreenderam ao lembrarem desse vídeo, reproduzindo-o como parte das comemorações de seu aniversário.

Ao longo dos primeiros meses do ano, os integrantes do BTS se sentavam regularmente no estúdio para gravar vlogs. Nesses vídeos, geralmente apareciam sozinhos na tela, embora mais tarde fosse revelado que, é claro, alguns dos rapazes estavam atrás das câmeras, fazendo caretas e os provocando.

Francos e sinceros, divertidos e sensíveis, os meninos do BTS mostraram que estavam prontos para conversar com seus fãs sobre qualquer coisa, incluindo suas inseguranças e ansiedades.

> **Eles estavam prontos para conversar com seus fãs sobre qualquer coisa, incluindo suas inseguranças e ansiedades.**

Em um de seus vídeos, RM conta que ficou chateado por ter ouvido que a Big Hit não acreditava que ele fosse alcançar sucesso como rapper solo. Em 8 de janeiro, ele reclamou que não estava conseguindo produzir rap. Sentia-se exausto, com frio, queria ir para casa e não estava particularmente inspirado, mas sabia que a empresa esperava que ele criasse algo. Jin, em seu vlog, falou certa vez sobre como era difícil estar longe de casa e ter que cuidar de si mesmo, e podemos ver os primeiros sinais de seu interesse em cozinhar. Então, de uma forma adoravelmente tímida, Jimin apareceu para fazer seu primeiro vlog e, após ter provocado os outros enquanto gravavam os vídeos deles, não conseguia pensar em nada para dizer.

No início de fevereiro, Jungkook fez seu primeiro vlog. Era o dia de sua formatura no ensino fundamental e ele confessou que deveria estar feliz, mas, como o *maknae* (o mais novo do grupo, com apenas 15 anos), sentia falta de casa. Foi um depoimento emocionante. J-Hope foi mais otimista ao falar de seus objetivos. Ele queria melhorar seu rap e tornar sua dança mais profissional, mas durante esses primeiros registros, muitas vezes gravados tarde da noite ou nas primeiras horas da manhã após um longo dia de trabalho, os rapazes pareciam bastante cansados, tímidos e sobrecarregados com tudo o que estavam vivendo.

O lançamento do descontraído vídeo de "Graduation Song" foi, portanto, muito bem-vindo. Dessa vez, Jungkook, Jimin e J-Hope ocupam seu lugar sob os holofotes. E como brilham... com e sem seus uniformes escolares! Seu rap leve e ligeiro tomou como base "Young, Wild & Free", de Snoop Dogg, Wiz Khalifa e Bruno Mars. A letra inteligente e para cima, escrita por J-Hope e o produtor Supreme Boi, celebrava o fim da escola e as liberdades da vida adulta. Mesmo naquela época o *debut* não saía da mente deles — em um trecho da música, J-Hope até pergunta ao chefe se era para ser mesmo assim tão difícil. Essa música, junto com os vlogs, ajudou a despertar o interesse do público. Era vital que tivessem conquistado mais seguidores antes de sua primeira aparição pública.

O ano-novo lunar é muito importante na Coreia. Em 2013, caiu no dia 10 de fevereiro. Como acontece no Dia de Ação de Graças nos Estados Unidos, costuma-se passar um tempo com a família nessa época, e a data não poderia ter chegado em melhor hora para um grupo de sete meninos esgotados de tanto treinar. Então, após passarem um tempo em casa e com suas famílias, dormindo e comendo bem por alguns dias, voltaram revigorados. A estreia finalmente se aproximava e era possível notar isso em seus vlogs: eles estavam animados e todos voltaram a se dedicar à causa BTS. Empenhados, o mantra dos sete era: vamos trabalhar ainda mais para construir um Bangtan melhor!

Ao longo de abril e maio, os meninos do Bangtan Boys apareceram exaustos, conversando sobre os ensaios coreográficos finais para sua estreia, gravando faixas para seu álbum single e filmando seu *music video* (MV). O tão aguardado momento estava chegando! Em seu vlog de 14 de maio, RM destacou a gravação do primeiro MV como o fim da longa vida de *trainee*. Então, alguns dias depois, todos apareceram juntos pela primeira vez em um vlog de grupo, falando sobre as filmagens do vídeo, lendo mensagens de apoio dos fãs e acrescentando que, embora ainda faltasse quase um mês, aquele seria o último vlog antes do *debut*.

OK. Eles estavam juntos, mas um Army atento perceberia que faltava um integrante-chave. Taehyung, conhecido como V, não se encontrava nos vlogs e vídeos. V fazia parte do BTS havia mais de dois anos, treinando, cantando e dançando com os outros, mas nunca fora anunciado como membro; não podia postar vlogs e os outros não podiam mencioná-lo. Pobre V! Ele era a arma secreta e, em uma jogada inteligente da Big Hit, sua existência foi mantida em sigilo em busca do máximo efeito.

O *debut* é um momento crucial para os grupos de K-pop. Por isso, a pressão em cima dos sete rapazes só aumentava. Para alguns, seria o culminar gratificante de três anos de trabalho árduo e incansável; para outros, algo incrivelmente estressante. Mas, à medida que o grande dia se aproximava, ficava mais claro que foram a determinação e a união do grupo que os fizeram chegar lá.

Em 21 de maio de 2013, um relógio com a contagem regressiva para o lançamento oficial do BTS apareceu no site e o trailer de estreia foi lançado. Era uma montagem de 45 segundos, em preto e branco, com os nomes dos integrantes e uma série de slogans contundentes que formavam um revólver sendo disparado. Então, em 2 de junho, fotos de divulgação na página do BTS do site da Big Hit e no Facebook nos revelaram as primeiras imagens de Taehyung, parecendo apropriadamente melancólico, com seu cabelo loiro curto e arrepiado. O plano da Big Hit parecia ter dado certo. No dia do *debut*, menos de duas semanas depois, V já tinha cinco fã-clubes só seus!

Na parte inferior da página inicial, ao lado do relógio de contagem regressiva, uma simples pergunta instigante: quem será o próximo? A resposta veio no dia seguinte na forma de Jin, Jimin e Jungkook — o que realmente deixou os fãs de K-pop enlouquecidos. Por fim, um dia depois, foi a vez da *rap line*. Os fãs já haviam se familiarizado com RM, J-Hope e Suga por meio das faixas, vídeos e vlogs, mas agora finalmente havia chegado a hora. E eles estavam incríveis!

Todas as fotos mostravam os garotos no melhor estilo hip-hop e bad-boy: todos com roupas de couro, logomarcas e trajes esportivos. J-Hope usava uma máscara cheia de *spikes*; RM, óculos escuros, um medalhão e um bastão com o símbolo de um cifrão; Suga segurava um skate; Jungkook usava uma máscara de hóquei e uma joia de ouro no formato dos ossos da mão; Jimin estava fofo com sua roupa de basquete; Jin parecia mesmo um *b-boy* com o boné de beisebol virado para trás e o short largo; e V, usando couro preto, parecia o garoto mais popular da escola. Um visual que veríamos novamente.

O treinamento havia terminado por enquanto. Os *teasers* tinham sido divulgados. A contagem regressiva terminara. Chegara a hora. Mundo, conheça o BTS...

O treinamento havia terminado por enquanto. Os *teasers* tinham sido divulgados. A contagem regressiva terminara. Chegara a hora. Mundo, conheça o BTS... Seu *showcase* de estreia aconteceu no dia 12 junho no Ilchi Art Hall, em Cheongdamdong, na área de Gangnam da cidade. Mas foi o dia seguinte que contou, quando a banda apareceu ao vivo no palco pela primeira vez nos programas de TV *M Countdown* e *Music Bank*.

Ainda é possível assistir ao vídeo da estreia do BTS no YouTube e ver sete Bangtan Boys muito jovens prestes a enfrentar o público em um showcase ao vivo. Eles estão compreensivelmente nervosos, ensaiando suas coreografias uma última vez para disfarçar a ansiedade, provocando uns aos outros ou apenas sentados em silêncio, cada um deles uma amostra perfeita da dedicação desses meninos. Como V disse: "Só temos uma chance!"

Claro que, uma vez que entraram no palco, mergulhando de cabeça em "No More Dream", foram ágeis, elegantes e precisos. Depois da apresentação, o sempre perfeccionista Jin estava às lágrimas porque o peso do transmissor do microfone fizera sua calça escorregar, mas seus companheiros de banda o consolaram. E ele não teve muito tempo para ficar sofrendo com isso, pois logo tiveram que voltar ao palco e apresentar a outra música que divulgavam, "We Are Bulletproof Pt. 2".

No vídeo do YouTube, dá para ver no rosto deles quando terminaram as apresentações do dia que haviam se empenhado ao máximo, mas sabiam que tinham arrasado. Sua energia, seu estilo de rap, os passos de dança, as manobras de Jungkook com o boné e a exibição rápida do abdômen de Jimin tinham chamado atenção. Como a maioria dos grupos estreantes, o BTS criara um fórum conhecido como "*fan café*" — que já tinha conquistado 55 mil membros.

Durante três anos, eles haviam sonhado com o momento de subir ao palco, então não era de admirar que estivessem tão nervosos. Ao terminarem e ouvirem os aplausos, o grupo ficou à beira das lágrimas. V até mesmo confessou ter, de fato, chorado. Eles estavam orgulhosos, mas admitiam terem cometido alguns erros, e RM notou como suas pernas pareciam mais pesadas no palco do que nos treinos, mas também tinham noção do quanto haviam aprendido durante aquele breve período de estreia.

O primeiro MV, "No More Dream", tinha sido lançado no dia anterior à apresentação. O tema do clipe e a atitude dos integrantes combinavam com suas fotos de divulgação e a performance de estreia: o grupo, com roupas pretas e brancas, dirige e bate um ônibus escolar. Ciclistas de BMX perambulam pelas ruas e os garotos dançam em uma sala de aula remodelada com uma rampa de skate e paredes cobertas de pichações com a temática do BTS, num cenário de revolução e rebeldia.

A coreografia é bem hip-hop, com vários agachamentos e movimentos típicos desse gênero, e que, aliada a uma ótima edição, mantém toda a energia da performance ao vivo. Aqueles que tinham visto as apresentações de estreia se lembrariam de Jungkook carregando Jimin enquanto este corria horizontalmente pelas costas dos outros e, claro, a exibição do abdômen de Jimin que fez a plateia ao vivo surtar.

Esta faixa foi incluída em *2 Cool 4 Skool*, o primeiro CD do BTS, lançado no dia da estreia oficial deles, 12 de junho de 2013, em uma elegante embalagem preta e dourada. O CD vinha com um encarte em papel glossy com fotos parecidas com as de divulgação, as letras das músicas (em coreano), um cartão-postal e uma filipeta anunciando as próximas audições da Big Hit. Esse "álbum-single" com sete faixas seria o primeiro de uma trilogia de lançamentos explorando temas como não ser esmagado pelo sistema escolar, ter orgulho de si mesmo e enfrentar as dificuldades de ser jovem.

BANGTAN BOMB

VJ [a primeira BANGTAN BOMB]

Em 19 de junho de 2013, a Bangtan TV publicou um vídeo de trinta segundos no YouTube. As imagens mostravam Jungkook filmando Jimin, e no canto havia um pequeno desenho de uma bomba BTS. Essa foi a primeira de muitas Bangtan bombs — vídeos curtos dos bastidores, desafios ou apenas os garotos sendo fofos ou se divertindo. Esses vídeos duram de vinte segundos a dois minutos e dão aos fãs uma visão fascinante do BTS longe do palco.

O BTS se destaca ao mostrar que compartilham as aspirações e ansiedades de sua geração.

No álbum, RM declarava a intenção do grupo de falar para os adolescentes e jovens de 20 e poucos anos. Isso é o que os diferenciaria da maioria dos outros grupos de K-pop. O BTS se destaca ao mostrar que compartilham as aspirações e ansiedades de sua geração.

A primeira música do álbum é "We Are Bulletproof Pt. 2", mostrando que o grupo podia fazer rap melhor do que algumas bandas e eram tão autênticos quanto qualquer rapper *underground* coreano. Em seguida, vem "Skit: Circle Room Talk" (um *skit* essencialmente mostra os integrantes conversando — uma característica dos álbuns de hip-hop dos Estados Unidos, de De La Soul a Eminem), que deu aos meninos a chance de discutir suas ideias e os temas do álbum antes de mergulharem direto em "No More Dream", seu primeiro single e a faixa principal do CD. Se a missão do BTS era falar com e pelos adolescentes e jovens de 20 e poucos anos, então essa música ia direto ao ponto: assertiva, cheia de atitude e muito fácil de gravar.

A letra de abertura de RM anuncia o grupo para o mundo. Do ressoar do contrabaixo, passando pelas linhas sarcásticas de Suga sobre a casa, os carros e anéis grandes que quer ter, até o coro de "lá-lá-lá" (o primeiro de muitos), o som é incrível, com uma batida estimulante e uma série de ganchos melódicos. Depois isso, a *rap line* assume, perguntando àqueles que ouvem a música sobre seus sonhos. A letra fala da frustração e da raiva motivadas pelo fato de os jovens se verem incapazes de se libertar das vidas mundanas planejadas para eles por seus pais e pela sociedade.

Depois do breve "Interlude" (uma melodia da qual RM gostou tanto que usou em "Monterlude", sua mixtape), passamos para "I Like It" — e, vejam só, é uma música pop! OK, ainda há um pouco de rap, mas Jungkook e Jin trouxeram uma melodia doce para essa música que fala sobre ver fotos de uma ex-namorada na mídia social. O álbum termina com a descontraída "Circle Room Cypher" (*cypher* é um termo de hip-hop para uma sessão de rap freestyle). No entanto, quem comprou o CD recebeu como bônus duas faixas extras: "On the Start Line", com RM, e "Road/Path", com todo o grupo. As duas músicas recordam as dificuldades de seus anos de *trainee*, falam sobre o que estariam fazendo se não fossem do Bangtan e a força que encontram estando juntos.

O período de *debut* continuou pelo restante de junho e julho, enquanto os garotos promoviam seu álbum no rádio, na TV e nos *fanmeetings*. Mas houve outro marco ainda mais notável. No dia 9 de julho, no *fan café*, o BTS anunciou o nome de seu fã-clube. A partir daquele momento, seus fãs seriam chamados de ARMY, acrônimo para "Adorable Representative MC for Youth". E explicaram que um exército (army) precisa de sua armadura à prova de balas, então os garotos e seus fãs estariam sempre ligados. Os fãs do BTS se afeiçoaram imediatamente ao nome. Tinham uma causa em que acreditar e estavam prontos para entrar em ação.

A partir daquele momento, seus fãs seriam chamados de ARMY, acrônimo para "Adorable Representative MC for Youth". E explicaram que um exército precisa de sua armadura à prova de balas, então os garotos e seus fãs estariam sempre ligados.

Após cerca de cinquenta dias frenéticos, o período de apresentação do BTS finalmente chegava ao fim. Eles não foram uma sensação de imediato — muitas pessoas acreditavam que eram apenas mais um grupo de hip-hop e reprovaram sua imagem rebelde e as letras que pregavam o anticonservadorismo, ou descartaram suas chances de sucesso por não serem um grupo das Big Three. Mas eles haviam consolidado sua ética de grupo, imagem, demonstrado autoconfiança e, ainda mais importante, sua base de fãs já se estendia da Coreia para outras partes da Ásia, até as Américas, Europa e Oriente Médio. E era apenas o começo.

Depois do *goodbye stage*, o show que marcou o fim do período de apresentação do grupo, todos os sete membros do BTS deixaram mensagens emocionadas em seu *fan café*. A banda revelou como haviam se sentido quando partiram em uma jornada sem conhecer sua rota ou seu destino. Contaram que os últimos dias foram um verdadeiro turbilhão e que, apesar de terem preparado bem o grupo para aquela experiência, sabiam que tinham muito mais a oferecer. Todos se sentiam profundamente gratos pelo apoio dos fãs que haviam conhecido pessoalmente e daqueles que lhes mandaram mensagens. E diziam ainda que, acima de tudo, aquilo era o que dava forças para os sete rapazes enfrentarem a fase seguinte de sua carreira com confiança e otimismo.

3

ROOKIE KINGS

O BTS tinha nascido. O momento com que haviam sonhado por tanto tempo viera e se fora, mas isso não queria dizer que os Bangtan Boys teriam descanso. Eles precisavam participar de *fanmeetings*, programas de rádio, ensaios coreográficos... além de gravar novas faixas. Era como um passeio de montanha-russa e eles estavam a toda velocidade. Precisavam segurar firme.

Algumas semanas após o fim do *debut*, com *2 Cool 4 Skool* tendo atingido a quinta posição nos charts sul-coreanos, o BTS gravou novas músicas. A contagem regressiva voltou ao site da Big Hit Entertainment, junto com um novo vídeo promocional, lançado em 27 de agosto de 2013. No vídeo, um par de tênis, um boné, um anel, um microfone e um rádio beatbox, todos com o nome do grupo, caem em câmera lenta enquanto RM continua a história de onde "No More Dream" parou. Com uma trilha solene ao fundo, ele fala em inglês: é hora de viver sua própria vida, tomar suas próprias decisões, antes que seja tarde. Quando a batida começa, RM faz um rap em sua língua nativa até os objetos com a logo do BTS se chocarem contra um vidro.

Uma semana depois, mais novidades. Um trailer conceitual mostrava os meninos do BTS, usando um uniforme todo preto de camisas de mangas curtas, bermudas e meias longas com o nome do grupo, cercados e assassinados, um a um, por policiais armados. Os *idols* permanecem caídos até que RM, que escapara sorrateiramente, retorna para despertá-los. Galvanizados,

Eles tinham claramente levado as coisas a um novo nível desde a estreia... Essa coreografia ainda é considerada uma das melhores do grupo.

eles arrancam as camisas pretas revelando camisetas brancas sem mangas. A dança é rápida e intensa. Eles tinham claramente levado as coisas a um novo nível desde a estreia, com movimentos inacreditáveis e sincronicidade impecável. Essa coreografia ainda é considerada uma das melhores do grupo.

Por meio de seus vlogs e tuítes, os meninos revelaram não apenas o retorno do nervosismo pré-*debut*, que se perdera na adrenalina de sua primeira performance, mas também uma expectativa de que pudessem melhorar ainda mais. E poderiam? A resposta vem com "N.O", uma faixa lançada em 10 de setembro de 2013.

No vídeo de "N.O", os garotos são alunos uniformizados, drogados e sem alma em uma escola assustadora e distópica, assistindo à aula sob o olhar atento de guardas armados. Enquanto Jungkook lidera uma rebelião na escola, o vídeo corta para um estúdio branco e brilhante e uma cena ao ar livre com mãos de pedra gigantes, em que toda a dança acontece. A coreografia diminui um pouco o nível da energia e se concentra na história emocional, embora ainda haja alguns movimentos impressionantes, especialmente quando Jimin, que muitas vezes é provocado por ser o menor do grupo, torna-se o herói do vídeo. Sentando no fundo do set, ele executa um giro acrobático com chute no ar, derrotando a polícia opressiva com um só golpe.

Acima de tudo, o vídeo celebra o visual do grupo — coletiva e individualmente. Seguindo o novo conceito, o BTS trocou o preto por um branco angelical, embora, com o cordão religioso de V, a bandana de Suga e os óculos escuros de RM, ainda esbanjassem ostentação e estilo hip-hop. O cabelo dos meninos também sofreu alterações, sendo a mais notável a do cabelo de cuia de Jimin, macio feito seda. O cabelo de Suga ficou castanho-chocolate e encaracolado, enquanto o cabelo de V estava mais claro, com uma tonalidade arroxeada.

Ao longo de setembro, eles estavam de volta promovendo os novos singles "N.O" e "Rise of Bangtan". O mundo do K-pop é absurdamente competitivo, e o BTS precisava trabalhar duro para cativar sua audiência. E fizeram isso através dos *fanmeetings* na Coreia, de suas postagens nas mídias sociais, das Bangtan bombs no YouTube e, ainda mais importante, de suas aparições nos programas semanais de televisão, em que as vendas de discos, *streams* e votos dos telespectadores contribuem para a escolha de um vencedor.

Embora ainda não tivessem condições de competir com os incrivelmente populares e amplamente divulgados grupos de K-pop, como o G-Dragon, o BTS começava a ser notado. No programa de TV *Music Bank*, uma performance brindou as fãs com um presente inesperado. Quando os meninos rasgaram seu uniforme para revelar a camiseta branca por baixo, ao darem o máximo de si, RM e Jimin acidentalmente rasgaram também metade de suas camisetas. Você ainda pode reviver essa emoção — pesquise no YouTube "Rap Mon e Jimin rasgando suas camisetas".

Com dez faixas, o novo álbum — o segundo do que se tornaria a trilogia escolar do BTS — foi intitulado *O!RUL8,2?* ("Oh, Are you late, too?") e lançado em 11 de setembro de 2013. O CD incluía um pôster e um livreto com fotos do novo conceito, além de dois cartões e uma biografia ilustrada dos integrantes do BTS.

O vídeo promocional com RM acabou se tornando a introdução do álbum, levando logicamente a "N.O", o single divulgado. A letra, como o vídeo sugeria, mais uma vez focava na escola. "N.O" (que também quer dizer "No Offence") mostra a recusa em se conformar com as expectativas educacionais dos pais. E expande os temas de "No More Dream", abordando as pressões e a rotina implacável impostas aos alunos, especialmente na Coreia do Sul. Você pode ser feliz sendo apenas uma "máquina de estudar"? A mensagem era a de que há outras opções disponíveis: não desista de correr atrás dos seus sonhos antes que seja tarde demais.

A mensagem era... não desista de correr atrás dos seus sonhos antes que seja tarde demais.

A música por trás da mensagem começa com o som vibrante de uma orquestra, antes que a batida, o rap e o canto assumam. As *lines* são compartilhadas uniformemente entre o grupo. Jungkook, mostrando por que merece o apelido de *Maknae* de Ouro, também dá uma palinha no rap.

Em seguida, temos "We On". Essa música é uma verdadeira preciosidade. A *rap line* presenteia os fãs com algumas rimas incríveis (e rápidas) que contrastam com a doce melodia de Jungkook e Jimin. A música é uma resposta cheia de orgulho para os *haters* que não haviam levado fé no BTS, mas procuravam sua atenção agora que tinham debutado. O *skit* "R U Happy Now?" que se segue é uma conversa curta onde a banda fala sobre como estão cansados, mas também contentes com o que conquistaram até o momento.

"If I Ruled the World" leva a *rap line* aos sonhos mais impetuosos de fama, sucesso e confiança dos garotos (sonhos que rapidamente vão se tornando realidade!), com um refrão fácil de gravar, reforçado por um dos primeiros exemplos das melodias deliciosas e aveludadas de V. Essa faixa é seguida por "Coffee", uma música de rompimento adolescente, na qual o sabor doce do *caramel macchiato* que eles compartilhavam se torna a amargura do Americano agora tomado sozinho. Inteligente, não é?

"Cypher Pt. 1" é sua primeira batalha de rap séria (depois da tentativa divertida do álbum anterior). É alegre, assertiva e certamente prova que eles sabem fazer um bom rap, habilidade que também pode ser verificada em "Rise of Bangtan" (às vezes chamada de "Attack on Bangtan", uma brincadeira em referência ao popular mangá *Attack on Titan*). Otimista e cheia de energia, uma das preferidas das apresentações ao vivo, essa é outra música do BTS com "lá-lá-lá".

"Paldogangsan", uma das primeiras músicas gravadas pelo BTS, ainda em agosto de 2011, é mais conhecida como "Satoori Rap". *Satoori* são dialetos coreanos, e a música é uma batalha de rap entre os diferentes dialetos de Suga e J-Hope, com RM intervindo em um dialeto padrão de Seul. No palco, os meninos se divertiam colocando um grupo do Oriente (Gyeongsan) contra um do Ocidente (Jeolla e Seul).

Depois de todo esse rap, nada mais justo que a *vocal line* tivesse a palavra final. "Outro: Luv in Skool" pode durar apenas um minuto e meio, mas é cantada de uma maneira encantadora. Seu alto número de visualizações no YouTube certamente foi impulsionado pela quantidade de vezes que as fãs repetiram as palavras finais da música (e do álbum): Jungkook quer marcar um encontro com você!

Jungkook quer marcar um encontro com você!

O público coreano adora programas de variedade da TV. Ver as celebridades participando de jogos, desafios absurdos ou dançando é um passatempo nacional. É claro que, sendo um grupo novato (*rookie*), não era fácil o BTS ser convidado para um programa assim. Então por que eles mesmos não podiam fazer um programa de variedades? O canal MTV da emissora sul-coreana SBS já tinha feito sucesso com o *Match Up*, do grupo Block B, e *Plan V Diary*, do VIXX, mas o BTS estava prestes a pegar o formato e melhorá-lo.

Rookie King: Channel Bangtan fazia paródia de todos os mais bem-sucedidos programas coreanos e era muito, muito engraçado. Ao longo de oito episódios de cinquenta minutos, o BTS conquistou os corações de milhares de fãs com o seu humor, seu jeito descontraído e a amizade entre o grupo. Vale a pena assistir aos episódios online: desde o esquete em que os meninos se vestem com *hanboks* azuis (túnicas tradicionais) até a sua versão do *X-Man* (outro popular game show sul-coreano), em que um membro é secretamente selecionado para perder os jogos (vá em frente, adivinhe quem!). O que vemos é uma comédia sem fim e um pouco mais da química do BTS.

Alguns momentos do programa atingiram um status mítico. No primeiro episódio, uma câmera escondida filma cada um dos meninos ao verem uma jovem (atriz) entrar em seu elevador às lágrimas e apertar os botões de todos os andares. Suas reações, do constrangimento de J-Hope ao ser pego dançando até a preocupação comovente de Jin, são todas fascinantes. E o segmento "Open Your Heart", que mostrou os meninos gritando suas mais profundas queixas e confissões de uma plataforma num telhado — incluindo a revelação de Suga de que roubara a roupa íntima de Jungkook!

O!RUL8,2? chegou ao quarto lugar nos charts coreanos, e "N.O" obteve um modesto sucesso, alcançando a posição de número 92, o que era um avanço com relação a "No More Dream". No entanto, o grupo ainda vivia momentos desafiadores. Sim, eles tinham tido um bom *debut* e haviam feito algumas aparições na televisão, mas o mundo do K-pop é extremamente competitivo e muitos criticaram seu estilo de rap, suas letras rebeldes e seu hip-hop que alguns achavam datado. Além disso, ficar no topo exigia um grande apoio financeiro, que a Big Hit estava lutando para conseguir. A pressão para continuar tentando era enorme.

Muitos outros talentosos grupos de K-pop não souberam conviver com esse tipo de pressão. Por isso, não era surpreendente que, por volta dessa época, existissem rumores de que o BTS estava pensando em se separar. Imaginem todas as coisas incríveis que teríamos perdido! Foi o Army que evitou que desistissem. Suas mensagens de amor e apoio e seu entusiasmo durante os *fanmeetings* ajudaram os meninos a enfrentar os momentos mais difíceis.

As mensagens de amor e apoio do Army e seu entusiasmo durante os *fanmeetings* ajudaram os meninos a enfrentar os momentos mais difíceis.

O Melon Music Awards de novembro de 2013 deu a eles outro grande incentivo, já que o BTS ganhou o prêmio de Artista Revelação. Se os meninos tinham um sonho quando debutaram em junho era o de ganhar esse prestigiado prêmio para *rookies*, baseado nas vendas digitais, pontuações dadas pelos juízes e votos online. Era o reconhecimento pelo qual esperavam, mas eles mal podiam acreditar — e é possível ver a reação deles no YouTube, no vídeo que mostra os bastidores.

No caminho de volta para o camarim, os sete saem pulando pelo corredor. RM explica que praticou seu discurso naquela tarde, rezando para que ganhassem. Ele havia pensado em tudo o que iria falar e tinha planejado mencionar suas famílias, seus professores de dança e a equipe da Big Hit. No entanto, ao chegar ao microfone, estava tão emocionado que só conseguiu balbuciar "Bang Si-hyuk PD-nim", nome do chefe deles na Big Hit. Felizmente, Suga sussurrou para ele que também deveriam agradecer aos seus pais.

Se esse foi um bom final para 2013, ganhar o prêmio Rising Star no Golden Disc Awards, em 1º de janeiro, foi o começo perfeito para 2014. Ganhar o prêmio de estreante na mais antiga das cerimônias do Korean Music Awards foi muito importante para o BTS, já que grupos de sucesso como Super Junior, SHINee e EXO haviam vencido anteriormente.

No final de janeiro, os rapazes conquistaram outro reconhecimento como *rookies*.

BANGTAN BOMB

Versão *trot* de *N.O* com Jungkook e versão ópera do BTS

Na época do sucesso de *O!RUL8,2?*, vemos Jungkook passando tempo nos bastidores cantando uma versão trot (balada tradicional em estilo coreano) do refrão de "N.O". Com o incentivo de Suga, os outros tentam estilos diferentes, com destaque para as impressionantes notas operísticas de J-Hope. Você vai rir... e se impressionar!

Novamente seguindo os passos do EXO, ganharam o prêmio de Artista Revelação no Seoul Music Awards. O timing era perfeito, porque a contagem regressiva para a parte final da trilogia escolar do BTS — *Skool Luv Affair* — havia começado. As fotos de divulgação mantinham o tema escolar, com os garotos de uniforme e maquiagem pesada. O vídeo de *comeback* mostrava RM fazendo um rap sobre uma fantástica sequência em animação com iconografia de hip-hop *old school*, incluindo caras com beatboxes no lugar das cabeças.

Em 11 de fevereiro, aconteceu o *showcase* de TV ao vivo para o miniálbum, e os garotos apresentaram a faixa "Jump" — com coreografias explosivas para combinar, que incluía Suga sentado em uma cadeira formada pelos braços de três dos rapazes antes de começar seu rap — e a faixa principal, "Boy in Luv", realçada pelo voo de J-Hope por cima de RapMon.

O novo conceito posicionou o grupo como os bad boys da escola, ousados e durões, mas de bom coração, uma vez que o EP abordava temas como o amor jovem e romance. O visual era um uniforme escolar usado com atitude: jaquetas pretas (Jimin optando rebeldemente por uma de couro), camisas brancas e calças pretas. O cabelo arrumadinho de Jimin deu lugar a um estilo bagunçado e cheio de gel, V optou por um interessante tom vivo de laranja, enquanto RM ostentava um topete platinado.

O vídeo de "Boy in Luv" seguiu esse conceito. No clipe, os rapazes surgem como uma gangue de escola. Jungkook é o único que parece estudar. Os outros estão se escondendo ou se divertindo até que se reúnem ao verem uma garota bonita andando pelo corredor. Para levá-la até Jungkook, fazem rap diante dela, agarram-na pelo pulso e a puxam pelos corredores — não parece nada bom, mas suas atitudes com relação às mulheres vão mudar em breve para melhor.

No YouTube, os garotos prepararam um vídeo "Let's Dance" de "Boy in Luv". Essa série permite que artistas e grupos ensinem aos fãs seus passos de dança. V e Jungkook explicam o passo "King Kong", em que balançam os braços e batem a mão no peito. Em seguida, Jin e Jimin mostram a "Shaving Dance", uma sequência de pose e exibição que termina com um "ei!"; e finalmente a *rap line* nos ensina uma sequência ainda sem nome em que fazem pose com cara de durão e dançam com a mão na calça. Basta copiar esse estilo durão mas vulnerável, e você também poderá dançar como o BTS!

Basta copiar esse estilo durão mas vulnerável e você também poderá dançar como o BTS!

Desta vez, o boxe escolhido para o CD é verde com letras em tom de rosa metálico. Como nos anteriores, vem acompanhado de um extenso caderno de fotos e extras colecionáveis: uma cartela de figurinhas adesivas com desenhos de monstros Bangtan hip-hop, um cartão com uma foto do grupo e outro com um membro da banda e alguns detalhes pessoais no verso, incluindo data de nascimento, grupo sanguíneo, coisas preferidas e assinatura.

Sem abandonar o estilo hip-hop, as faixas de *Skool Luv Affair* têm um elemento vocal mais forte do que os álbuns anteriores. RM, Suga e J-Hope contribuíram para as letras, e Suga participou da composição e do arranjo de quase todas as músicas.

A faixa "Outro: Luv in Skool" aparece no disco como "Intro: Skool Luv Affair", em que os garotos nos dão sua visão pessoal de romance. 'Boy in Luv' começa com o clássico hip-hop BTS, mas algo diferente acontece após cerca de um minuto e o astral muda completamente. O som eletrônico de repente é substituído por guitarras elétricas e bateria. O BTS virou uma banda de rock? Não. Mas, apenas nove meses depois da estreia, mostram que estão dispostos a brincar com seu som.

As canções de amor anteriores do BTS focavam em romances passados e nas amargas lembranças de relacionamentos recém-terminados, mas essa faixa é diferente. Aqui os caras durões são humilhados por uma garota que parece tentadoramente inatingível. Eles se sentem inseguros, frustrados, sensíveis e vulneráveis — tudo em uma só música! É outro grande hino adolescente em que RM se irrita por o terem feito parecer bobo na frente da garota e J-Hope tenta se manter firme, enquanto Jungkook pede conselhos ao pai. *Como ele chamou sua mãe para sair? Escreveu uma carta?* Muito fofo!

Logo depois temos "Skit: Soulmate", mostrando uma discussão sobre como o grupo deveria fazer o *skit* — com participações especiais de Supreme Boi and Bang PD. O *skit* é seguido por "Where Did You Come From?", com seu som de sintetizador superanimado e divertido. É mais uma música com tema de dialeto *Satoori*, em que os meninos competem com o que falam.

"Just One Day", música que passam a promover como o segundo single do álbum, é uma faixa suave e exuberante com um R&B mid-tempo infundido. Sua letra sonhadora descreve um dia perfeito com uma garota, embora Suga, sempre realista, lembre-nos de que, com sua agenda ocupada, é apenas um sonho. Quando foi divulgado, o vídeo certamente recrutou uma nova legião de fãs para o Army. Os meninos, usando cardigãs brancos e sentados em cadeiras em um cenário minimalista, mostravam seu novo lado doce e sensível.

BANGTAN BOMB

Festa dançante ao som de Ringa Linga (de Taeyang, do Bigbang)

As Bangtan bombs muitas vezes mostram os garotos do BTS cantando e dançando ao som dos hits de outros artistas, e esse é um dos primeiros exemplos bem engraçados. Jimin (repara no cabelo dele!) parece ter entendido muito bem os movimentos, mas J-Hope parece estar apenas balançando os braços e V não passa dos primeiros segundos. Ainda assim, eles estão se divertindo tanto, então quem pode reclamar?

BANGTAN BOMB

Confissão dos meninos à sua própria maneira

Assista a esse outro vídeo de "Where Did You Come From?" em que cada um deles experimenta suas "confissões de amor" diante da câmera. Quem é o vencedor na sua opinião? Seu coração foi capturado pela intensidade de Jin, a atuação brega de Jimin, a aspereza de V, o sorriso de Jungkook ou pela pura loucura de J-Hope? (Vamos ser honestos... Suga não se esforçou muito!)

Mas você não pensou que o BTS havia abandonado o rap de vez, pensou? Nas três faixas seguintes, eles retornam às suas raízes do hip-hop. "Tomorrow" mantém a temática do "siga o seu sonho", com RM metralhando seu rap rápido, enquanto "Cypher Pt. 2: Triptych" mostra a *rap line* solta, com um Suga intenso e sincero, talvez em seu melhor momento. Em seguida, temos "Spine Breaker", que se tornou uma das preferidas pelos fãs. É uma música sobre consciência social, que, com a melodia soberba e profunda de V, ressalta o custo — financeiro e para a sociedade — de os jovens se submeterem a modas caras.

O álbum vai chegando ao fim com a excelente "Jump", uma celebração em uptempo de anos de trabalho duro finalmente reconhecidos no palco. Por fim, a *vocal line* encerra o álbum com "Outro: Propose", uma balada de dois minutos. Para alguns, esse é o momento em que Jin, atingindo aqueles agudos sem o menor esforço, realmente brilha pela primeira vez.

Se houvesse alguma dúvida sobre o curso que o BTS estava tomando, *Skool Luv Affair* e "Boy in Luv" os dissiparam firmemente. O futuro, de repente, parecia bastante promissor, com o álbum alcançando o primeiro lugar no chart coreano e o terceiro no Billboard Awards Chart. "Boy in Luv" chegou ao quinto lugar do Billboard World Chart, que classifica os melhores singles digitais internacionais nos Estados Unidos. À medida que o verão se aproximava, com aparições no horário nobre da TV e uma iminente viagem ao Japão, não restava muita dúvida.

Os meninos do BTS eram realmente *rookie kings*.

RM

FICHA TÉCNICA

Nome: Kim Namjoon
Apelidos: RM, Rap Monster, Deus da Destruição, Dançarino Prodígio, Namjoonie
Data de nascimento: 12 de setembro de 1994
Local de nascimento: Ilsan, Coreia do Sul
Altura: 1,81 metro
Educação: Apgujeong High School, Global Cyber University
Horóscopo chinês: Cão
Signo: Virgem

4

KIM NAMJOON/RM: O MONSTRO INTERIOR

Ele não é um monstro, é Kim Namjoon: o líder reservado do BTS. O rapper é o mais alto e possivelmente o mais elegante do grupo, e provou ser tanto sensível quanto profundo. Então quando, em setembro de 2017, anunciou que mudaria seu nome para RM, parecia uma transição natural. O rapper adolescente, que adotara o apelido de Rap Monster quando ainda era um *trainee* da Big Hit, mostrara desde então ser um músico superinteligente e talentoso — mais poeta do que monstro.

Kim Namjoon cresceu em Ilsan, uma próspera cidade-satélite de Seul, na Coreia do Sul, com sua mãe, seu pai e a irmã mais nova. Era um menino feliz. Suas fotos sorridentes de infância mostram as mesmas covinhas pelas quais as fãs do Army hoje suspiram. A escola nunca foi um problema para o jovem Namjoon. Apesar de admitir que agia como o palhaço da turma, dedicava-se muito aos estudos e constantemente tirava boas notas. Seus pais acreditavam que havia uma excelente universidade e um bom emprego em seu futuro. Quem vê a foto da formatura do ensino fundamental de Namjoon, com seu corte de cabelo sem forma e óculos fora de moda, poderia apostar que ele se tornaria um futuro funcionário do governo.

Em casa, a mãe o incentivou a aprender inglês. Juntos, assistiam aos programas da CNN e da BBC News, e, quando tinha 12 anos, ele foi para a Nova Zelândia estudar durante quatro meses. Como revelou no programa americano *The Ellen DeGeneres Show*, em 2017: "Meu professor de inglês foi a série *Friends*. Na época em que eu tinha uns 14, 15 anos, era meio que uma febre pais coreanos incentivarem seus filhos a assistir a *Friends*." E explicou que sua mãe havia comprado todas as temporadas em DVD para ele: "Então primeiro assisti a tudo com legendas em coreano, depois com legendas em inglês, e então sem legenda."

Por volta dessa época, ele descobriu outro professor de inglês: o rap, principalmente de artistas norte-americanos como Nas e Eminem. Então começou a escrever suas próprias letras em pedaços de papel e escondê-las entre as páginas dos livros de escola para que os pais não soubessem de sua paixão. Depois de algum tempo, acabaram descobrindo, mas não se importaram muito, desde que ele continuasse a tirar boas notas na escola. Foi então que começou a se sentir encorajado a pensar além de sua ambição inicial de ser um concierge (embora acabasse usando o uniforme no VM de "Dope"!).

Então começou a escrever suas próprias letras de rap em pedaços de papel.

Namjoon também começava a se desenvolver rapidamente como rapper. Adotou o nome artístico de Runch Randa, tirado de um avatar do jogo de videogame *Maple Story*, e passou a frequentar Hongdae, o bairro da moda de Seul, onde o cenário hip-hop (conhecido como *underground*) estava florescendo. Junto com alguns outros rapazes, incluindo Kidoh (ex-integrante do Topp Dogg), o rapper Iron e o futuro produtor da BTS Supreme Boi, Namjoon montou um grupo de rap chamado DaeNamHyup (ou DNH), e mais tarde se juntou a outras estrelas em ascensão, incluindo Zico, agora líder do Block B.

Logo, começou a chamar atenção. Em 2010, Sleepy, astro de hip-hop e celebridade televisiva, participava de uma audição quando notou o talento do garoto para o rap. Ele pegou o número de telefone de Runch Randa, ligou para a Big Hit Entertainment e sugeriu que dessem uma olhada naquele talentoso calouro do ensino médio.

Mas seus pais e professores tinham outros planos para ele. Namjoon se destacava em suas provas de língua coreana, matemática, língua estrangeira e estudos sociais. Um teste avaliou que tinha um QI de 148, e ele chegou perto de ficar na faixa de 1% dos melhores alunos de todo o país. A hora da verdade se aproximava, mas como poderia convencer seus pais de que uma carreira musical era o caminho certo?

Ele explicou ao site Koreaboo que apresentou um argumento cuidadosamente elaborado. "Pelas minhas notas, fiquei por volta do 5.000° no país", lembrou de ter dito à mãe. "Se eu continuasse naquele caminho, teria sido um homem de sucesso com um trabalho comum. Mas, independente do quanto as pessoas me dissessem que eu era inteligente, eu ainda estava em 5.000° no país. No entanto, tinha certeza de que eu seria o número 1 no país no que se tratava de rap." Ele perguntou à mãe se ela queria que seu filho fosse o 1° ou 5.000°. Que mãe poderia recusar uma oportunidade dessas a um filho?

"Eu tinha certeza de que seria o número 1 no país no que se tratava de rap."

Namjoon passou em sua audição para a Big Hit em 2010 e trabalhou na empresa como rapper solo e, em seguida, durante as várias tentativas de combinar rappers para a criação de um grupo de hip-hop chamado Bangtan Sonyeondan. Alguns saíram frustrados com o processo, enquanto outros desistiram quando a Big Hit decidiu mudar o foco e trabalhar em um grupo *idol*.

E assim começaram os três longos anos de Namjoon como *trainee*. Foram dias difíceis, chatos e repetitivos de trabalho duro, que incluíam dança, uma nova disciplina para Namjoon. Ele não tinha entrado na empresa como dançarino, mas isso veio com a nova proposta de fazer parte de um grupo *idol*. E ele se empenhou para isso, o que lhe valeu o novo apelido de Dançarino Prodígio — uma referência irônica aos seus esforços como dançarino no processo. Recentemente, em 2015, ele disse que ainda não gostava de dançar, mas entendia que fazia parte do negócio.

Foi como *trainee* que ganhou o apelido de Rap Monster. No final de uma de suas músicas, ele gritava "Rap Monster!", e a equipe da empresa começou a chamá-lo assim por diversão. O apelido pegou, e ele acabou o adotando como nome artístico. Essa foi uma das muitas mudanças que ele faria à medida que se aproximava o *debut* do BTS. Era frequentemente criticado por se vender e abandonar o verdadeiro caminho do rap *underground* e, consequentemente, tinha que se defender por ter assinado contrato para ser um *idol* e aproveitar as oportunidades que isso lhe trazia. Também às vezes achava a vida de ídolo difícil, nem sempre se sentia confortável usando maquiagem esfumada, fazendo carinhas fofas e danças detalhadamente coreografadas.

E, claro, houve outra grande mudança com que Namjoon precisou lidar: ele foi nomeado líder do BTS. Era uma grande honra, mas também uma posição que vinha com uma grande responsabilidade. Em aparições públicas, como promoções, turnês e coletivas de *comeback*, discursos de agradecimento de prêmios e entrevistas para a TV, ele teria que tomar à frente. Precisaria ser articulado e autoconfiante, mas também se lembrar de incluir o resto do grupo, dando-lhes a oportunidade de contribuir e comentar. Considerando seu espantoso futuro sucesso nos Estados Unidos, foi uma jogada de visão da Big Hit dar a liderança do grupo ao integrante que melhor falava inglês.

O líder também tem que representar o grupo ao se dirigir à empresa, e representar a empresa ao falar com o grupo. Em um episódio fascinante da série de TV coreana *Problematic Men*, RM e Suho, do EXO, falam sobre liderança de grupo. RM explica que se tornou líder por ter sido o primeiro integrante do BTS a ter contribuído com suas ideias para a direção musical do grupo, apesar de não ser o mais velho. Jin, Suga e J-Hope são todos mais velhos que ele (uma importante distinção na sociedade coreana). Quando RM precisa assumir a liderança, às vezes isso acaba gerando um pouco de atrito. No entanto, a maneira como ele lida com suas responsabilidades não passa despercebida pelos outros. No livro-conceito do álbum *Wings*, V se mostra bastante grato e ressalta como RM assume o fardo de muitos dos problemas e trabalha duro para criar uma atmosfera em que os membros do BTS se entendam bem.

RM assume o fardo de muitos dos problemas, e trabalha duro para criar uma atmosfera em que os membros do BTS se entendam bem.

Apesar de ser o líder, RM é muito próximo de todos os membros do grupo.

Devido à sua natureza reservada e seu trabalho como compositor e produtor, nos vídeos de bastidores ele é frequentemente visto sentado em silêncio ao fundo, preparando-se para a apresentação, mas, nos reality shows *Gayo* ou *Run BTS!*, podemos ver como ele participa jogando, fazendo danças bobas e brincando com os outros.

De todos os membros da banda, Suga é o que conhece há mais tempo, tendo feito amizade com o menino de Daegu assim que este apareceu no dormitório, em 2011. Os dois são os músicos sérios do grupo e se entendem muito bem. RM até já admitiu que procura Suga quando está preocupado. Além disso, temos também seus antigos colegas de quarto: Jungkook, que parece ver RM como um irmão mais velho (assista a V-Live "One-Minute English" para ver isso em ação quando RM ensina o jovem *maknae* a dizer "Pardon?"), e V, o integrante que mais pareceu sentir falta dele quando RM teve que voltar mais cedo para casa na primeira viagem do *Bon Voyage* (uma das viagens não supervisionadas do BTS ao exterior).

Namjoon e Jin criaram uma amizade por disputarem o lugar de pior dançarino do grupo! No programa de TV *Please Take Care of My Refrigerator*, Jin contou que, quando ensaiam suas coreografias, os outros cinco membros aprendem com o instrutor de dança, enquanto RM e ele são excluídos e acabam aprendendo os passos num canto.

Em termos de personalidade, J-Hope, que também nasceu em 1994, sempre consegue fazê-lo rir, principalmente com suas divertidas imitações do líder. Na verdade, RM disse uma vez que J-Hope seria seu companheiro ideal numa ilha deserta... já que, como não para de falar, RM não precisaria de um rádio!

RM disse que J-Hope seria seu companheiro ideal numa ilha deserta... já que, como não para de falar, ele não precisaria de um rádio!

J-Hope também aparece em uma das atuações mais memoráveis de RM: como a mãe da hilária colegial birrenta e apaixonada pelo BTS (interpretada por RM) no vídeo "House of Army", de 2017. Esse clipe aparece em qualquer rol de destaques de RM, junto à sua cômica dança balançando as mangas, no *Weekly Idol*, em que consegue manter o rosto neutro enquanto os colegas o observam, espantados (exceto Suga, que não consegue assistir!), e sua trágica tentativa de cortar uma cebola no mesmo programa. Ah, é claro, não podemos nos esquecer de sua inspirada frase no assento do avião: "Jimin, you got no jams."

Ao longo dos anos de formação do BTS, os fãs tiveram a chance de conhecer o verdadeiro Kim Namjoon, além do RM, rapper e líder do BTS. Sua falta de jeito é lendária, e ele aparentemente quebra quase tudo que toca, fazendo com que os outros garotos o apelidassem de Deus da Destruição. O videoclipe em que ele quebra seus óculos de sol novinhos se tornou um meme instantâneo, mas ao longo dos anos também ouvimos falar de portas caindo do dormitório e *out-takes* mostrando ele destruindo adereços de vídeo sem querer. Jin contou uma vez à revista *Haru Hana* que seu líder era "o Bebê Dinossauro Dooly", dizendo que "RM balança o rabo e esmaga tudo em volta". Da mesma forma, RM tem a incrível habilidade de perder suas coisas, então nenhum dos rapazes ficou surpreso quando o líder do BTS perdeu o passaporte e teve que interromper sua viagem à Escandinávia durante o *Bon Voyage*.

Os membros do grupo também aprenderam rapidamente a separar o RM dos palcos do Namjoon com quem compartilhavam o dormitório. Suga revelou em uma entrevista à revista *Ize* que, no palco, Rap Mon usa óculos escuros e passa uma imagem forte, mas que na verdade gosta de coisas fofas. De fato, Namjoon tem um cachorro chamado Rapmon — um adorável American Eskimo branco —, que ganhou ainda filhote em 2013. Além disso, é obcecado por Ryan, o leão fofo e sem juba do aplicativo de mensagens instantâneas KakaoTalk. Já admitiu ter pelo menos treze Ryans de pelúcia em seu dormitório, além de um pijama, uma máscara de dormir e capas de celular com o personagem. Em 2016, os outros rapazes do BTS até lhe deram um bolo de aniversário do Ryan!

BANGTAN BOMB

Jimin: I got yes jam

São dois minutos de diversão em que RM se une a Jimin em uma dança frenética. Um dos vídeos preferidos do Army, esta Bangtan bomb mostra muitos pulos, *air guitar* e prova que Kim Namjoon é tão capaz de enlouquecer quanto qualquer um. E lembre-se, como ele mesmo disse uma vez, é R-A-P Monster, e não D-A-N-C-E Monster!

As roupas de RM são outro aspecto importante de seu personagem. Ele publica regularmente fotos de si mesmo usando a hashtag #KimDaily na conta oficial de Twitter do BTS. Seu estilo é predominantemente o streetwear fashion, com ênfase no preto e branco, mas ele não tem medo de misturar ao seu estilo uma camisa ou acessório colorido. Geralmente usa um boné ou um gorro e tênis clássicos da Converse ou da Vans, acrescentando algumas vezes peças de marcas japonesas como WTAPS e Neighborhood. RM tem personalidade para exibir os mais variados looks, até mesmo aqueles que podemos considerar peculiares, como o inesquecível visual de macacão jeans e blusa amarela no estilo Minions, em 2015!

É, no entanto, o lado reflexivo de Namjoon que muitos Armys mais admiram. Você encontrará várias vezes as palavras "*sexy brain*" nas postagens dos fãs que preferem RM. Ele se interessa por novas ideias, filosofia e política, e é um ávido leitor. Gosta dos autores japoneses Haruki Murakami e Hitomi Kanehara, escritores como Kafka e Camus, e já recomendou a história de amor *Como eu era antes de você*, da romancista britânica Jojo Moyes.

Namjoon se interessa por novas ideias, filosofia e política, e é um ávido leitor.

Para muitos fãs, parte de seu charme é o fato de ele se preocupar excessivamente com os detalhes e levar as questões muito a sério. Magoado pelas críticas ao BTS no começo da carreira, ele pediu desculpas publicamente por questões de racismo, sexismo e plágio percebidos. E, para os conceitos seguintes, realizou sua própria pesquisa, lendo o instigante *Breaking Out of the Man Box: The Next Generation of Manhood*, de Tony Porter, ou conversando com acadêmicas feministas.

Essa imagem de RM como pensador profundo emerge em sua música "Reflection", do álbum *Wings*, em que conta que vai até a ilha Ttukseom, em Seul, para pensar melhor nas coisas quando não consegue tirar algo da cabeça. Em uma entrevista em janeiro de 2018, Namjoon revelou que, no passado, sempre lidava com a ansiedade mergulhando na música, mas que agora procura também outros tipos de "fuga", como comprar roupas, colecionar bonecos e se conectar com o mundo real, viajando de ônibus para conhecer um novo lugar.

Em 2015, Rap Monster, como era então conhecido, lançou uma mixtape (um tipo de álbum não comercial preferido pelos rappers) que falava sobre essa introspecção. Seu anúncio do lançamento de *RM* no Twitter terminava com "U do U, I do I" ["Você seja você, eu sou eu"], e seu tema era a dificuldade em descobrir sua individualidade. A faixa "Do You" debate se o melhor é nadar na direção da corrente ou contra, enquanto "Awakening" revela sua jornada até ser reconhecido como um rapper *idol*. *RM* viria a aparecer na lista dos cinquenta melhores álbuns de hip-hop do ano da revista *Spin*, e a mixtape provava que ele podia ser tanto um *idol* quanto um rapper "de verdade".

Esse status foi confirmado por colaborações posteriores com Wale e Fall Out Boy, mas foram as crescentes contribuições de RM para as músicas do BTS que marcaram seu progresso desde a mixtape, como a maior parte das canções de *Love Yourself: Her* e *Love Yourself: Tear*, que contou com uma participação significativa de RM nas composições e na produção. Desde que entrara para a Big Hit, admitiu que tinha muito a crescer. Deixou de lado a imagem de garoto durão, o penteado escovinha e até mesmo o nome artístico de Rap Monster, dando lugar a RM, um artista talentoso, ponderado e pé no chão — que não está a milhas de distância de um certo Kim Namjoon.

5

AMERICAN HUSTLERS

Os programas de televisão coreanos são essenciais para exposição dos grupos de K-pop, a fim de que alcancem o mundo. Dessa forma, em 1° de abril de 2014, o BTS estava animado para fazer sua estreia na TV no programa *Beatles Code*. Eles apresentaram seu cumprimento Bangtan em câmera lenta, J-Hope mostrou suas habilidades no street dance e Jungkook fez flexões com o cantor Park Ji-yoon sentado em cima dele. Para iniciantes, eles se saíram muito bem.

Então, em 30 de abril de 2014, com grande expectativa, o BTS apareceu no programa essencial para todos que querem ser alguém no mundo do K-pop: o popular show de variedades *Weekly Idol*, em que, além das entrevistas, as estrelas enfrentam provocações e tarefas divertidas. Usando jeans rasgados, camisa e blusa de manga comprida, eles pareciam mais confortáveis do que nunca. Em um teste de rap, Jin, de forma hilária, mostrou por que estava na *vocal line*, enquanto V arrasava. No quadro de dança aleatória, em que os meninos tinham que lembrar seus próprios passos, o pobre Jimin se confundiu, e os apresentadores o descreveram como uma "ovelha perdida". Isso foi muito engraçado! Por fim, no quadro Perfis Iniciais, em que os convidados exibem suas habilidades, Jungkook deu um show. Ele dançou, passo a passo, a coreografia de "Boy in Luv" em velocidade acelerada e *slow motion*, e depois dançou brilhantemente ao som de "Something", do Girl's Day. Esse vídeo ainda é imperdível para qualquer fã apaixonada por Kookie. Para garotos jovens e ainda tímidos, eles foram muito bem.

Já tendo estabelecido uma boa base de fãs na Coreia do Sul, agora era a hora do BTS abrir suas asas.

Já tendo estabelecido uma boa base de fãs na Coreia do Sul, agora era a hora do Bangtan abrir suas asas. Em meados de abril, eles passaram alguns dias na China, onde ficaram surpresos ao ver tantos integrantes do Army no aeroporto. A notícia se espalhara rapidamente, e *China Job*, um documentário sobre a viagem, mostrou-os no V Chart Awards, onde se apresentaram com ternos pretos e tênis vermelhos, e conquistaram outro prêmio como estreantes.

No início do verão, o foco se voltou para o Japão. Sob o nome Bōdan Shōnendan (a forma japonesa de Bangtan Sonyeondan), o BTS estava prestes a lançar uma versão japonesa de "No More Dream". Em 31 de maio, voaram até Tóquio para tocar a música para 5 mil fãs do Army japonês no Dome City Hall (acrescentando uma apresentação à tarde devido à alta demanda). Era o começo de algo grande por lá, e eles voltariam muito pouco tempo depois.

A Rússia também pôde conferir os meninos de perto em junho, quando a banda viajou para o festival Bridge to Korea, em Moscou. A ideia desse evento era atrair turistas para os dois países. Os garotos julgaram uma competição de dança K-pop e se apresentaram em frente ao Kremlin para uma multidão de mais de 10 mil pessoas. Usando cardigãs cinza, fizeram um medley de vinte minutos de seus sucessos seguido por uma versão alegre, desafinada e quase punk da tradicional música folclórica coreana e hino não oficial "Arirang".

Um ano se passara desde o *debut* do BTS — na verdade, voara. No dia 13 de junho de 2014, para marcar o aniversário da banda, promoveram sua primeira *festa* (termo coreano para festival), lançando coleções de fotografias, vídeos de dança e um divertido bate-papo de uma hora no estilo rádio. Também lançaram uma nova música comemorativa, uma faixa com base rap chamada "So 4 More", em que refletem sobre os altos e baixos do ano anterior e se questionam, no clássico estilo BTS, se todas as dificuldades valeram a pena.

No verão de 2012, Jungkook viajara para Los Angeles para estudar na famosa academia de dança Movement Lifestyle, mas nenhum dos outros tinha colocado os pés nos Estados Unidos. Tudo o que Jungkook podia lhes dizer era que o ar lá era diferente, mas agora estavam prestes a descobrir por si mesmos: estavam a caminho de Los Angeles.

Quando os meninos chegaram a Los Angeles, saíram para fazer um pouco de turismo. Foram a um jogo de beisebol, onde viram o compatriota Hyun-jin Ryu lançando para os Dodgers, e depois à praia, onde mostraram seus passos de dança em Santa Monica. Por fim, como estava escurecendo, pararam em um estacionamento e ficaram esperando na van seu gerente sair para fazer alguma coisa quando, de repente, apareceram três homens assustadores. Os meninos do BTS estavam sendo sequestrados!

BANGTAN BOMB

Let's speak English!

Esta é provavelmente a mais famosa de todas as Bangtan bombs. Os garotos estão voando para Los Angeles, e J-Hope decide que precisam praticar inglês. Claro que RM, com seu inglês fluente, fala bastante. J-Hope arranha seu adorável inglês macarrônico, mas os outros não estão participando. Ao expressar sua decepção, J-Hope diz a RM que Jimin não é nada divertido, e então RM dá a resposta icônica: "Jimin, you got no jams!" Em coreano, *jaemi* significa diversão, então RM está inventando sua própria gíria inglesa. E isso agora é parte essencial da história do BTS.

Verdade? Bem, não. Felizmente era uma pegadinha filmada para a abertura de seu reality show *American Hustle Life*. Os garotos sabiam da brincadeira? Provavelmente, mas Jungkook e J-Hope pareciam apavorados de verdade quando foram levados até o que parecia ser uma parte decadente da cidade. Os integrantes da banda foram empurrados para dentro de um apartamento no estilo armazém, onde mandaram os sete dormir. Às 6 da

> **Os garotos teriam um curso intensivo sobre o estilo de vida do hip--hop americano.**

manhã, ainda cansados em função do jet-lag, o BTS foi acordado por ninguém menos do que o astro americano de rap Coolio e sua equipe de mentores de rap. Os garotos teriam um curso intensivo sobre o estilo de vida do hip-hop americano.

Os garotos precisaram passar por vários desafios nada tranquilos ao longo dos oito episódios de *American Hustle*, e Coolio e sua equipe levaram a ideia de campo de treinamento de hip-hop bem a sério. O pobre V descobriu isso rapidamente ao tentar aliviar o clima, brincando: "Vamos festejar. Aumenta o som!". Foi imediatamente punido com 25 flexões. "Parem de brincar comigo", bradou Coolio. "Se não fosse pelo hip-hop, eu estaria morto ou na cadeia." Até hoje, alguns Armys ainda se ressentem pela maneira como o astro veterano do rap falou com V. "Me avisem quando ele sair", diz Coolio friamente em determinado momento. Além disso, e Suga e Jin se desentendem tão feio com seu mentor Dante que, após o segundo episódio, ele não é visto novamente.

Ao cumprirem as tarefas, incluindo apresentar um segmento de culinária, bater à porta de estranhos para se apresentar para eles e convidar garotas para dançar em seu videoclipe, os meninos às vezes parecem confusos, sem jeito e vulneráveis. No entanto, surpreendem por sua determinação em agradar seus mentores, pela maneira como se ajudam e, é claro, seu charme e talento se fazem notar. Na batalha de dança, J-Hope mostrou que, apesar da complexidade das coreografias do BTS, ainda tem alguns passos extras para exibir. E os vocais de V, além de encantar *noonas* (senhoras mais velhas) no mercado, impressionam Iris, a professora de canto. Suga também foi merecidamente reconhecido por seu talento ao escrever de maneira brilhante uma nova letra para "Regulate", de Warren G.

> **Ver cada um dos integrantes do grupo em situações difíceis nos dá uma excelente ideia do BTS nesta fase da sua carreira.**

Ver cada um dos integrantes do grupo em situações difíceis nos dá uma excelente ideia do BTS nessa fase da sua carreira. Os garotos claramente aprenderam algumas lições, principalmente com relação a como lidar com as pessoas. Têm de conhecer pessoas comuns e realizar trabalhos comuns, às vezes para chefes malvados (ver Jimin e RM limpando o banheiro é pura comédia), e até mesmo falar com meninas. Como o mentor Tony disse ao site MoonROK: "Sei que a cultura de entretenimento coreana é muito rigorosa com relação a relacionamentos, então, quando os colocamos diante de meninas, ficaram terrivelmente tímidos. Não sabiam o que fazer."

O vínculo que o grande Warren G, que aparece em uma limusine para levá-los em um passeio por Long Beach — sua cidade natal —, tem com os fãs claramente chamou a atenção dos meninos, principalmente agora que chegara a hora de o BTS conhecer seu público americano. Na manhã de 13 de julho de 2014, eles anunciaram no Twitter que, no dia seguinte, fariam uma apresentação no rock club em Troubadour, West Hollywood, em que mostrariam o que haviam aprendido nos Estados Unidos. A entrada era gratuita, mas limitada a apenas 200 pessoas. Não era de admirar que a fila dobrasse a esquina. Fiéis à sua palavra, apresentaram seus singles, covers de "Regulate" e, sob o olhar orgulhoso da professora de canto Iris (a mulher que foi inspiração para o filme *Mudança de hábito* 2), que assistia a tudo do balcão, cantaram o clássico gospel "Oh Happy Day!".

Na América do Norte, onde há uma grande população americano-coreana, o K-pop já tinha se estabelecido, e os grupos de K-pop são divulgados regularmente no Extremo Oriente. Essas indústrias musicais garantem a um novo grupo, como o BTS, uma base para se desenvolver. Já a Europa, com sua limitada exposição ao K-pop, representaria um desafio para os rapazes. No verão de 2014, o BTS fez uma tentativa de conquistar espaço na Europa, viajando até lá para realizar showcases e *fanmeetings* em Berlim e Estocolmo. Pequenas, mas fanáticas multidões compareceram a esses shows para verem os meninos apresentarem seus sucessos da trilogia *Skool*. A presença online do grupo e seu sucesso em outras partes do mundo claramente estava ajudando o BTS a ser reconhecido em todos os cantos do globo.

Em agosto, fizeram sua primeira visita ao Brasil, onde encontrariam alguns de seus fãs mais dedicados. Em um curto espaço de tempo, aprenderam muito sobre o país, incluindo o fato de não ser uma boa ideia sair do avião de bermuda e camisa de manga curta no inverno! No clube Via Marquês, o BTS se apresentou em português e falou sobre suas impressões a respeito do Brasil. Na ocasião, Jin afirmou que já podia sentir que aqui era "o país das paixões", e Suga comentou que ouvira falar que havia muitas garotas bonitas no Brasil e, a julgar pelo público, era verdade! Aonde quer que fossem, estavam fazendo amigos e conquistando fãs para a vida toda.

Os meninos voltariam para Los Angeles ainda naquele verão. Em outra grande oportunidade para o grupo já não mais novato, foram convidados a se apresentar na KCON 2014. Ao longo de um fim de semana, a KCON, que teve início em 2012, celebra os programas, a música pop, a moda e a comida coreanas. Aquela era a chance deles de mostrarem aos Estados Unidos a que tinham vindo. E não desapontaram. A presença dos meninos no tapete vermelho encantou a todos. Os fãs esperaram horas no calor intenso para conhecer e ganhar autógrafos do grupo. E assistiram à participação especial deles em *Danny From L.A.*, um programa de TV americano de K-pop.

No entanto, os shows noturnos foram o grande destaque e, como qualquer um que participou da KCON 2014 logo percebeu pelos banners e camisetas dos fãs, os garotos do BTS não foram os astros principais do evento (e sim G-Dragon e Girls' Generation). De qualquer forma, foram uma grande atração. O público, muitos dos quais já pareciam conhecer os *chants* e os nomes dos integrantes, parecia empolgado. O show também fez um grande sucesso entre aqueles não familiarizados com o BTS, a ponto de um correspondente do *LA Times* comentar: "Entre todos os estreantes nos Estados Unidos, eles com certeza foram os que causaram a melhor impressão. Esta não será a última vez que se apresentam para multidões emocionadas no país."

Aquele estava sendo um verão movimentado por muitas filmagens e turnês, mas ainda estava só na metade. Aonde quer que fossem — Seul, Estados Unidos, Europa, Brasil —, estavam sempre escrevendo e gravando material novo, e dançando até a exaustão. Assista ao MV de "24/7 = Heaven" para vê-los trabalhando duro em salas de ensaio por todo o mundo. Em Los Angeles, além do estresse do *American Hustle Life*, gravaram várias faixas em um estúdio montado na garagem do apartamento de Bang Si-hyuk. O resultado foi seu primeiro álbum completo.

BANGTAN BOMB

(Eyes, Nose, Lips) por BTS

"Eyes, Nose, Lips", de Taeyang, uma faixa emotiva estilo R&B que fala sobre relembrar um ex, foi a música do verão de 2014 na Coreia e além. Neste clipe inestimável, os Bangtan Boys nos dão uma visão única sobre a música. Observe como sincronizam os lábios, exageram, brincam e até mesmo cantam juntos. Todos participam, até mesmo RM, que inicialmente vira de costas para escapar da câmera, e V, que supera sua timidez no final.

O vídeo de *comeback* de *Dark & Wild* foi lançado em 5 de agosto de 2014, apresentando "What Am I To You", de RM, uma faixa viciante sobre um romance frustrado e inseguro. Alguns dias depois, como pré-lançamento, o BTS fez um streaming de "Let Me Know" no site deles, outra música comovente e desesperada. Suga, que ajudou a escrever a faixa, prometera aos fãs que adorariam a música por sua melodia hipnótica, e não estava errado. O Army assistiu em êxtase ao lançamento completo.

As fotos-conceito de *Dark & Wild* revelaram um visual mais maduro, que combinava com o tom mais adulto das novas músicas. Mantiveram a imagem de *bad boy* e voltaram a usar preto, mas desta vez com jaquetas de couro elegantes e calças com camisas brancas. As correntes e anéis de ouro retornaram, mas de forma moderada, e os garotos pareciam sérios e pensativos ao encararem a câmera, ou olharem para o vazio, apesar de Suga e J-Hope estarem com o cabelo vermelho e Jin ter optado por um tom discreto de roxo (que se mostrou bastante popular entre os fãs).

O videoclipe de "Danger", a faixa principal do álbum, foi lançado em 19 de agosto de 2014. Os meninos usavam jaquetas jeans e calças jeans rasgadas, mas o clima ainda era sombrio. Não há uma trama real desta vez, apenas imagens melancólicas: uma estação de metrô fora de uso e um armazém abandonado, parcialmente inundado e cheio de carrinhos de compras em chamas. Os integrantes interpretam personagens feridos pelo amor. Eles tentam se distrair — RM escreve, Suga joga basquete, J-Hope dança —, mas nada adianta. Quando suas frustrações transbordam, Jimin as descarrega num saco de pancadas, Jin brinca com fogo e Jungkook arrebenta um piano, enquanto RM faz uma tatuagem no próprio braço e V corta o próprio cabelo.

No vídeo do YouTube que mostra o making-of do MV, vemos que, na verdade, eles se divertiram bastante retratando o lado mais sombrio da juventude. No entanto, Jimin admitiu ter ficado constrangido com o boxe, RM observou que os tênis deles não secaram após dançarem na água e V revelou que, apesar de ter usado uma peruca, acabou cortando um pouco de seu cabelo de verdade! Jungkook também contou que cortou o dedo indicador ao destruir o piano, e que, por não poder usar o sistema de reconhecimento de impressão digital para acessar o dormitório, por várias semanas só pôde entrar com a ajuda de outras pessoas.

O que mais impressiona no vídeo é a coreografia. O hip-hop habitual é suavizado, e foram incorporados passos de break-dance para criar um estilo BTS próprio. Como sempre, os rapazes se movimentam em perfeita sincronia. Mas observe, por exemplo, a parte em que eles agarram o pescoço, movimentam os ombros e transformam a pose de cara durão em que cruzam os braços ou se agacham em algo mais emocional e expressivo. Esse vídeo provavelmente marca o momento em que a dança do BTS amadurece.

Esse vídeo provavelmente marca o momento em que a dança do BTS amadurece.

BANGTAN BOMB

Passarela no meio da noite

O que fazer quando se está todo vestido sem ter para onde ir? Que tal transformar um corredor em sua própria passarela de moda? Essa é a resposta do BTS enquanto esperam com as roupas de "Danger". A partir daí, é só uma questão de saber quem faz mais palhaçada. J-Hope é sempre uma boa aposta, Jin certamente tem os movimentos, e V... bem, é V.

O CD vinha numa embalagem em *glossy* preto com marcas de arranhado e uma mensagem em inglês imitando um alerta oficial sobre os efeitos do amor. Dentro, havia um cartão colecionável com uma foto individual aleatória e outro com uma foto do grupo, um álbum com as letras (em um fascinante estilo manuscrito, cheio de rabiscos e sublinhados), além de dois cartões-postais, um com ilustrações de monstrinhos BTS e outro com personagens de uma futura *web comic* com o BTS.

No showcase do álbum, Suga afirmou que o álbum single e os miniálbuns anteriores tinham sido uma preparação para aquilo, o primeiro álbum completo do grupo, o qual deveria ser ouvido do começo ao fim, com o interlúdio fazendo a passagem da mudança de tom da frustração para a liberação. O BTS estava amadurecendo, e deixava de falar de escola para focar nas tensões emocionais da juventude.

O BTS estava amadurecendo.

Então, depois do rap inicial de RM, "What Am I To You", "Danger", a faixa principal de *Dark & Wild*, vai direto ao ponto sobre o dano emocional causado pelo amor não correspondido. As letras do grupo evoluíram e passaram do tema "por favor, saia comigo" para falar sobre o quanto o amor pode doer quando dá errado. A música do grupo também amadureceu. A *vocal line* tem mais espaço para explorar suas harmonias, o *backing* trazendo um som de guitarra que persiste por cima da percussão, e o rap parece mais relaxado e menos estilizado.

Apesar de a música ser contagiante, o BTS volta a beirar a controvérsia com sua honestidade sobre os efeitos dos hormônios nos rapazes em "War of Hormone". Admitem ser loucos por garotas e, embora tenham recebido algumas críticas da imprensa por sua atitude com relação às mulheres e por mancharem a imagem imaculada do K-pop, esta canção é claramente um hino para as meninas, e eles estão apenas brincando (J-Hope fala até em espremer espinha!)

Em "Hip-hop Lover", descobrimos o que o BTS aprendera bastante com seu curso de verão quando, com um toque muito mais americano do que antes, citam os nomes de seus heróis do rap e nos levam numa viagem por seu aprendizado de hip-hop. "Let Me Know", o pré-lançamento de Suga, vem logo depois, seguido por "Rain", uma música frequentemente subestimada, melancólica e com uma mistura de jazz, que conta com uma participação fabulosa de J-Hope. A primeira metade do álbum se encerra, então, com "Cypher Pt. 3: Killer", que conta com a participação de Supreme Boi – outra sessão de rap *circle-room* e que também parece mais polida e menos derivativa do que as *cyphers* anteriores.

Após um breve interlúdio inspirado pelo movimento disco dos anos 1970, que não faz muito sucesso, entramos no lado frenético do álbum. Apesar de serem um grupo que constrói sua base de fãs através das mídias sociais, os garotos ousam perguntar: "Would You Turn Off Your Cellphone?" ["Você desligaria seu celular?"]. Eles parecem seus pais reclamando? Não é bem assim. A mensagem que desejam passar é que perderemos nossa conexão pessoal se continuarmos vivendo nossas vidas através dos telefones.

"Blanket Kick" é uma canção sobre um constrangimento frustrado; uma doce confissão de alguém que se revira e chuta os lençóis ao lembrar que agiu de maneira estranha para impressionar ou perdeu a oportunidade de uma vida inteira. Depois é hora de relaxar. A música seguinte é "24/7 = Heaven", e eles voltam a falar de amor. Com uma batida bem animada, a música é muito bem distribuída entre o grupo, de modo que todos têm a chance de sentir o romance.

Com o lançamento de um álbum completo, o BTS sentia que podia ir um pouco mais além, e a faixa seguinte, "Look Here", traduz exatamente o som de um grupo que passara o verão nos Estados Unidos ouvindo "Come Get It Bae", de Pharrell Williams. É uma faixa leve e descontraída, com um excelente trabalho de percussão. Até parece que o BTS tocou pop americano a vida inteira.

Depois da penúltima faixa, "2nd Grade", um divertido surto com o magnífico refrão "bang it, bang it", o encerramento vem com "Outro: Does That Make Sense?". O álbum fecha um círculo, voltando ao tema do amor que acabou. Como em álbuns anteriores, a *vocal line* é chamada para finalizar e, desde o delicioso "Listen!" de Jungkook, eles seguem suaves como seda e totalmente no ritmo.

As apresentações do grupo se tornaram mais constantes nos programas de divulgação de música, e o Army se aperfeiçoou com *chants* claramente audíveis para os espectadores. No entanto, a vitória em um programa de TV ainda era um sonho que o BTS ansiava. Em uma reação típica, eles prometeram se esforçar ainda mais.

JIN

FICHA TÉCNICA

Nome: Kim Seokjin
Apelidos: Jin, Mundialmente bonito, Rei do Visual, Terceiro a partir da esquerda, Cara da porta do carro, Cara do beijo soprado, Vovó
Data de nascimento: 4 de dezembro de 1992
Local de nascimento: Angyang, província de Gyeonggi, Coreia do Sul
Altura: 1,79 metro
Educação: Bosung High School, Konkuk University, Global Cyber University
Horóscopo chinês: Macaco
Signo: Sagitário

6

KIM SEOKJIN/JIN: MUNDIALMENTE BONITO

Após a aparição do grupo no tapete magenta do Billboard Music Awards (BBMAs) de 2017, a hashtag #ThirdOneFromTheleft [#terceiroapartirdaesquerda] de repente se tornou viral. E não era a primeira vez que Jin enlouquecia as mídias sociais. Depois que apareceu no Melon Awards de 2015, foi a hashtag #CarDoorGuy [#caradaportadocarro] que agitou o Twitter. Então o que ele estava fazendo para atrair tanta atenção? Absolutamente nada. Apenas estava sendo incrivelmente atraente. "Acho que sou mundialmente bonito", explicou Jin. Não foi exatamente uma declaração modesta, mas ninguém iria discutir.

O que o levou originalmente ao BTS foi sua aparência — ombros largos e um rosto pequeno com o que os cirurgiões plásticos chamam de "proporção áurea" de características simétricas. A SM Entertainment, uma das Big Three (empresas de entretenimento), o selecionou na rua, mas ele ignorou seu convite para uma audição (dizem até que de fato fugiu dos *scouts*), acreditando se tratar de uma pegadinha. Mas, quando a Big Hit o convidou, ele apareceu, fez o teste como ator e se viu como o primeiro não rapper a se juntar ao grupo.

Kim Seokjin cresceu na cidade de Gwacheon, ao sul de Seul. Sua família era muito unida, e ele já descreveu sua infância como idílica. Eles viajavam para lugares como Japão, Austrália e Europa, e seu pai lhe ensinava golfe e o levava a estações de esqui, onde Jin descobriu que tinha aptidão para o snowboard. Sua relação com o irmão mais velho sempre foi carinhosa, ainda que competitiva, e era muito próximo à mãe. No Dia dos Pais de 2015, Jin gravou um *cover* comovente da faixa "Mom", de Ra.D, acrescentando uma doce dedicatória para ela.

No show Beautiful Moments, em Seul, em que sua mãe estava na plateia, Jin se emocionou e explicou que a mãe costumava ouvir as amigas se gabando dos filhos sem dizer uma palavra. Ele sempre quis deixar a mãe orgulhosa, e agora, graças ao Army, finalmente podia. Jin continua próximo à mãe, e os outros membros do grupo já comentaram que às vezes ele fica no telefone com ela por mais de uma hora!

Ele sempre quis deixar sua mãe orgulhosa e agora, graças ao Army, finalmente podia.

As escolas de ensino fundamental e médio que Jin frequentou eram instituições só para garotos, e ele já admitiu que tinha dificuldade para olhar as meninas nos olhos, mas que se viu forçado a tentar para não ficar sem jeito diante do Army. No entanto, Jin fez muitos amigos na época do colégio, e ainda mantém contato regular com alguns deles, apesar da agenda lotada.

Jin gostava da escola, estudava bastante, praticava todos os esportes possíveis e queria se tornar repórter. Isso mudou em 2009, quando assistiu ao drama histórico *A Grande Rainha Seondeok*, a série de TV mais popular na Coreia. Como grande parte da nação, o jovem Seokjin ficou encantado, principalmente com a atuação emocionante do ator Kim Nam-gil. Isso inspirou o jovem aluno do ensino médio a entrar para a Konkuk University a fim de se graduar em atuação pelo Departamento de Cinema e Artes Visuais. Jin estava fazia apenas três meses na faculdade quando recebeu a ligação da Big Hit em abril de 2011.

Para um jovem apaixonado pela atuação, a vida de *trainee* deve ter sido um tremendo choque. Felizmente, a natureza tranquila de Seokjin ajudou. Quando Bang Si-hyuk lhe pediu que escolhesse um nome de uma sílaba, para ser mais intenso, ele simplesmente encurtou o seu para Jin. E passou de aspirante a ator a aprendiz de cantor e dançarino sem nenhum problema, alegando que poderia se tornar um ator mais tarde. E rapidamente se acostumou a ser o mais velho em um grupo que já sabia dançar, cantar ou fazer rap. Esse é Jin, o Sr. Tranquilidade.

Mas não foi fácil. Nos meses anteriores ao *debut*, ele achou a dieta bastante difícil e sofria para aprender as coreografias, embora sempre fosse grato aos outros membros do grupo e à equipe da Big Hit por toda ajuda com o canto e os passos de dança. Enquanto isso, no dormitório, ficou logo evidente que

Jin seria o que mais se preocuparia com a arrumação e a limpeza, em guardar os alimentos e jogar fora os restos de comida. Também ficou evidente que ele adorava cozinhar e criar refeições para alegrar a dieta tediosa deles. Não é à toa que logo ganhou de seus companheiros de banda o apelido de "Vovó"!

Talvez, no início, a timidez de Jin o tenha feito parecer um pouco distante para alguns dos membros do BTS, mas, depois de fazer aulas de canto com Jungkook, os dois rapidamente se aproximaram. Jimin se tornou seu colega de exercícios e compartilhou com V um grande interesse por animações. Suga nunca teve dúvidas: ele dividia um quarto com Jin e afirmava categoricamente que nunca quis trocar. Jin ocupava uma posição nada familiar no grupo: era o mais velho nesta nova "família", tendo passado a vida sendo o *maknae*, mas isso também não parecia incomodá-lo. Ele era mais quieto e sério com RM, J-Hope e Suga, e agitado e brincalhão com os integrantes mais jovens, o que lhe valeu o apelido de "falso *maknae*"!

No dormitório, Jin continua assumindo o papel "parental". Acorda duas horas antes de seus companheiros de banda e garante que todos estejam acordados e prontos para começar a trabalhar na hora certa (nem sempre uma tarefa fácil!). E, embora agora tenham alguém para fazer a limpeza, ele ainda gosta de cozinhar para os outros. Enquanto isso, continua aumentando sua coleção de bonecos do Super Mario (muitos deles presentes de fãs) e cuida de seus animais de estimação, Odeng e Eomuk. Dizem que arrumou esses adoráveis petauros-do-açúcar (*sugar gliders*, em inglês), um pequeno tipo de marsupial, depois de descobri-los enquanto procurava por "Suga" na internet.

Ele ainda gosta de cozinhar para os outros... e cuida de seus animais de estimação, Odeng e Eomuk.

Como todos os membros do BTS, Jin tem muitos amigos em outros grupos de *idols*. É bem próximo de Ken, do VIXX, e os dois fazem parte de um grupo de chat de nascidos em 1992, juntamente com Youngjae, do B.A.P, Eunkwang, do BTOB, Sanduel e Baro, do B1A4, Hani, do EXID, e Moonbyul, do Mamamoo, que já confessaram que são Jin e Sandeul que sempre tornam a sala de chat interessante!

Em março de 2013, Jin já progredira o suficiente no canto para se juntar a RM e Suga na gravação de "Adult Child", um das primeiras faixas pré-

-*debut* do BTS, em que faz um interlúdio simples, mas doce. Tudo estava indo muito bem para o aparentemente imperturbável Jin, mas a estreia traria uma surpresa para ele. Durante a participação do grupo no programa *M Countdown*, Jin usou pela primeira vez um transmissor de microfone. No entanto, não havia contado com o peso do aparelho, preso à calça. Na parte da coreografia de "We Are Bulletproof Pt. 2" em que pulam, sua calça escorregou até as coxas. Jin rapidamente a puxou de volta, mas a calça voltou a cair depois. Ele ri disso agora, mas na época ficou inconsolável.

> **"Acho que danço muito mal... mas Rap Monster não sabe mesmo dançar!"**

Jin não se preocupava muito com sua habilidade para a dança antes da estreia do BTS, mas, com as críticas que recebeu — alguns o chamaram de "buraco negro da dança" —, a ficha caiu. Ele tem se empenhado muito em aprender, mas seu talento na área permanece modesto. Em 2017, disse a um programa de TV: "Acho que danço muito mal." Mas acrescentou: "No entanto, Rap Monster não sabe mesmo dançar!"

Uma série de talentos de Seokjin emergiram desde aquele dia de estreia. Nenhuma conversa com o garoto de Gwacheon parece escapar de uma — por vezes terrível — piada *ahjae* (literalmente uma "piada de tiozão", embora no ocidente seja mais conhecida como "piada de pai" ou piada infame). São trocadilhos coreanos ou uma piada misturando inglês com coreano, do tipo "O que o cachorro fala quando vê uma parede?" A resposta é "Wol-wol", o som que o cachorro faz em coreano. Não é de admirar que os outros membros do BTS muitas vezes pareçam confusos ou se encolham, constrangidos! Talvez a destreza de Jin com os dedos dos pés seja mais útil. Ele já demonstrou em vários reality shows sua habilidade de abrir sacos de doces ou tirar as meias sem usar as mãos. E como podemos esquecer sua famosa "Dança do policial de trânsito"? Uma dança hilária que mistura marcha com acenos de mão, e que Jin até mesmo ensinou ao resto do grupo.

Na verdade, os reality shows mostraram que Jin é tanto criativo quanto engraçado. Em janeiro de 2017, ele apareceu no programa de sobrevivência *Law of the Jungle*, em que celebridades tentam sobreviver em locais remotos por todo o mundo. Jin foi enviado com outras estrelas do K-pop e atores do K-drama para a área rural da Indonésia. Apesar de ter de deixar o programa mais cedo para fazer uma turnê com o BTS, Jin se saiu muito bem. Ele provou ser popular com as outras estrelas, criou remos de madeira com uma serra de mão, pegou peixe usando um bastão de luz do Army como vara e o cozinhou para sua família da selva. Além disso, ganhou água para sua equipe com um acrobático mergulho com salto triplo.

O humor e a energia de Jin fariam igualmente sucesso em outros programas como *Hello Counselor* e *Please Take Care of My Refrigerator*, em que admitiu que o refrigerador do dormitório estava cheio de cosméticos e que os integrantes da banda às vezes tiravam comida de lá para dar lugar aos produtos, e *Let's Eat Dinner Together*, em que entreteve a equipe com seu humor *ahjae* e conseguiu encontrar uma família em Gangnam disposta a compartilhar sua refeição da noite com ele.

Ah, comida! Jin ama comida. Ele adora cozinhar, comer e conversar sobre comida. Seu interesse começou a aparecer nos primeiros blogs do Bangtan quando ele postava as "Jin's Recipes" ["Receitas do Jin"] só para mostrar como a dieta deles podia ser sem graça. Em seguida, veio o "Jin's Cooking Diary" ["O livro de receitas do Jin"], em que detalhava refeições mais interessantes e, por fim, sua série V-Live, *Eat Jin*. Sua série de vídeos comentando pratos enquanto come é muito divertida, principalmente o episódio onde ele tenta comer um *jjajangmyeon* (prato de *noodles* com molho que as crianças coreanas adoram) em um minuto. Uma fã até mesmo decidiu obter uma opinião profissional sobre as habilidades culinárias de Jin. Em 2017, ela tuitou uma foto do *noodles* com ovo frito do artista para Gordon Ramsay, perguntando ao famoso chef britânico se Jin tinha alguma chance de vencer sua série *Hell's Kitchen*. O cozinheiro, notoriamente mal-humorado, respondeu: "Ovos cozidos demais com vermes! Não, obrigado." Ah, bem, pelo menos ele não xingou!

Destaca-se o amor de Jin pelo Army. Ele nunca deixa de agradecê-los por seu apoio e desenvolveu um vínculo único com eles. Foi o Army japonês que o chamou pela primeira vez de "Cara do beijo soprado", ao notarem seu hábito de soprar beijos para os fãs. E ele realmente transformou isso em uma forma de arte, enviando os beijos mais elegantes e cheios de estilo para todos os corações do Army.

Jin, de fato, é o rei dos corações. Tudo começou com ele fazendo corações com os dedos para os fãs e desenhando um coração na mão ao lado da palavra

"Army", mas logo isso se tornou sua contribuição especial para as apresentações ao vivo. Em Hong Kong, ele enfiou a mão na camisa e pegou um cabide no formato de um coração; em Anaheim, revelou um coração branco preso em sua blusa; em Sydney, afastou as mangas para mostrar seus braceletes em forma de coração. Além disso, já apareceu com corações dobráveis gigantes, uma grande serpentina de corações, ou se virou de repente para mostrar seus óculos enfeitados com corações. Os outros integrantes gostam dessas surpresas tanto quanto os fãs, principalmente Jungkook, que, durante uma turnê por Osaka, no Japão, revistou Jin em vão à procura de um coração. Surpreso, caiu na gargalhada quando o membro mais velho do grupo tirou um do microfone.

Embora alguns Armys se preocupem com o fato de Jin não cantar muitas linhas das músicas ou aparecer muito na TV, o próprio Jin parece estar satisfeito com seu lugar no BTS. O álbum *Wings* incluiu a primeira música com que contribuiu para a letra. Ele se sentiu compreensivelmente orgulhoso de "Awake", que compôs com Pdogg. Diz que se empenhou bastante na letra e insistiu muito para que seu coro fosse usado. E se emocionou a ponto de chorar quando o Army cantou com ele a música durante uma apresentação ao vivo. No entanto, não espera se tornar um grande compositor do BTS de uma hora para a outra. Jin já afirmou que, se suas músicas são incluídas, ótimo. Se não, ele continuará se empenhando ao máximo e novas oportunidades surgirão. Este é Jin: levando tudo serenamente em seu ritmo. Talvez seja fácil manter tudo em perspectiva quando se é mundialmente bonito.

BANGTAN BOMB

BTS com MC Especial Jin @ 2017 KBS

Em dezembro de 2017, Jin foi selecionado como um dos MCs para o KBS Gayo Festival, um espetáculo pop sazonal televisionado com os principais grupos de K-pop do momento. Deleite seus olhos com o Sr. Mundialmente Bonito enquanto ele se prepara – muito seriamente – para seu papel e veja o resto do grupo apoiá-lo enquanto o assistem na TV do camarim.

7

RED BULLETS

A cidade está em colapso. Uma raça alienígena de monstros gigantes está atacando a Terra, e estamos indefesos. Nossa única esperança é uma equipe muito unida de super-heróis. Com seus poderes especiais, podem combater os mutantes invasores. Destemidos, abnegados e incrivelmente bonitos, eles também parecem estranhamente familiares. Poderia ser o BTS ao resgate?

We On: Be the Shield foi um *web comic* oficial promovida pela Big Hit. São mangás contando a história de uma equipe de super-heróis determinados a salvar o mundo. Pense nos *Vingadores* da Marvel, só que esta equipe tem o brilhante cientista RM; o arqueiro incrivelmente preciso Jin; Suga, um guerreiro com membros que se tornam espadas; J-Hope, o observador alado; Jimin, que pode utilizar o poder do mundo natural; Jungkook, e seu corpo que se torna uma armadura para proteger a equipe; e V, o invocador de escuridão, sombras e buracos negros mortais.

O mangá do BTS tem muito mais detalhes do que isso, e é uma ótima leitura para aqueles que gostam de fantasia, ficção científica e K-pop. Publicado em setembro de 2014, era mais uma prova de que o BTS estava ficando cada vez mais conhecido. Nessa época *Dark & Wild* tinha alcançado o segundo lugar na Coreia e o terceiro lugar no Billboard World Albums Chart, "Danger" subira para o sétimo lugar no Billboard

World Digital Songs Chart e, em outubro, o BTS iria se apresentar para 5 mil fãs em Seul. Na ocasião, explicaram que o BTS queria representar a energia da juventude que iria destruir os obstáculos e preconceitos no mundo, então o evento seria chamado de "The Red Bullet". Era seu primeiro show solo *full-length*.

Os dois shows do AX Hall esgotaram em cinco minutos, então foi acrescentada mais uma noite. Ter seu próprio show foi um grande passo para o BTS. "Até agora", disseram à imprensa, "nós nos mantivemos fiéis ao gênero hip-hop e promovemos conceitos que nos diferenciavam de outros grupos, então estamos preparando um show único." E, de fato, foi muito especial.

De 17 a 19 de outubro de 2014, eles exibiram um vídeo introdutório passado em uma sala de aula, seguido por 150 minutos da magia Bangtan. Os meninos cantaram, dançaram e brincaram ao longo de 24 músicas, incluindo, é claro, hits como "Boy in Luv", "Danger" e "Just One Day", mas também outras favoritas como "Let Me Know", "If I Ruled the World" e "Blanket Kick", com suas próprias camas no palco para acrescentar mais fofura ao show. Os rappers, com uma participação de Supreme Boi, se juntaram para cantar "Cypher Pt. 3: Killer", e a *vocal line* apresentou "Outro" com um novo segundo verso de Jin. Com os fãs segurando cartazes que diziam, em coreano, "Vamos caminhar juntos na mesma estrada por toda a vida", os rapazes cantaram "Jump" e "Rise of Bangtan" com uma energia frenética, antes de terminar com o rap em dialeto *Satoori*, "Paldogangsan".

O público ficou em êxtase e cantava junto cada palavra.

O público ficou em êxtase e cantava junto cada palavra. Ao refletirem sobre a experiência em seus vlogs, os meninos pareciam ligeiramente aturdidos. Todos admitiram que era incrível, mas sentiam que havia passado como um sonho. RM desabafou ao canal de notícias *Starcast*: "Nossa coreografia é tão extrema que foi um pouco assustador. Havia aquela preocupação se conseguiríamos fazer tudo, mas depois do show me senti muito melhor, como se tivesse pulado de bungee jump." V, por outro lado, escolheu "War of Hormone" como o momento mais memorável, dizendo: "Durante as outras músicas, havia muita tensão no ar, mas quando cantamos essa, todos estávamos cheios de alegria."

Logo após os shows, em 23 de outubro, o BTS lançou "War of Hormone" como single, acompanhada do MV mais divertido que tinham feito até o momento. Gravado em uma só tomada em preto e branco, com um pouco de vermelho acrescentado mais tarde à calça de Jimin e às listras no casaco de Jungkook, o clipe é cheio de energia, risadas e uma coreografia bem atrevida.

BANGTAN BOMB

"War of Hormone" no Dia das Bruxas

Quando se cansar de assistir ao vídeo de "War of Hormone" (o que, a julgar pela reação do Army, pode demorar um pouco!), dê uma olhada nesta Bangtan bomb especial. Em uma sala de ensaio enfeitada com teias de aranha, os BTS fazem a coreografia fantasiados... e mantendo os personagens. RM é um vampiro; Suga é o boneco Chucky com uma faca; Jimin se vestiu como Charlie Chaplin; Jin, como Capitão Jack Sparrow; V interpreta o Coringa; J-Hope é o prisioneiro Papillon e Jungkook é o personagem de anime King of Terrors. Assustador? Na verdade, não. Divertido? Com certeza!

O BTS Live Trilogy Episode II: The Red Bullet (para dar o nome completo) no Japão foi outro grande feito — um show completo em outra língua. Mas eles estavam entre amigos. Afinal, tinham conquistado muitos seguidores no Japão, aparecendo em shows de música e variedades, e lançando singles em japonês de "No More Dream", "Boy in Luv" e "Danger", tendo todos esses ficado entre os top 10 japoneses. Levando em consideração a reação tradicionalmente reservada do público japonês, os shows em Kobe em 13 e 14 de novembro, e a apresentação de 16 de novembro em Tóquio, foram entusiasticamente recebidos. Os fãs sabiam todas as letras e cantavam junto.

Os garotos retornaram a Seul a tempo não só do aniversário de Jin, 4 de dezembro, mas também para a Mnet Asian Music Awards, a cerimônia de maior prestígio no calendário da indústria de entretenimento sul-coreano. Como era apenas o segundo ano do grupo, era improvável que ganhassem um troféu, mas o BTS foi convidado a se apresentar. Só isso já foi uma grande conquista. J-Hope comentou à *Starcast*: "Para mim, o palco do MAMA é o mais memorável [evento do ano]. Quando me apresentei no MAMA, senti que tinha crescido... Estava tão feliz e animado."

O BTS cantou "Boy in Luv" durante o show e voltou para uma apresentação que agitou o Twitter e os fóruns. Essa parte da cerimônia foi anunciada como "A Luta do Século", colocando o BTS contra o Block B, um grupo similarmente bem-sucedido de sete garotos e estilo hip-hop. O confronto tomou a forma de uma batalha de dança, um duelo de rap, uma performance em grupo e uma apresentação conjunta. Os Bangtan Boys deixaram o Army orgulhoso. RM, de terno branco e camisa rosa, ficou cara a cara com Zico, do Block B. O BTS colocou toda a sua energia em "Danger", e os dois grupos se uniram brilhantemente para apresentar "Let's Get It Started", do Black Eyed Peas.

Mas foi a competição de dança que realmente deu o que falar entre os fãs. J-Hope parecia estar possuído e fez alguns passos de tirar o fôlego, mais uma vez provando que poucos podem igualá-lo na pista de dança. Então Jimin girou no palco, arrancando o casaco e a camiseta. O movimento pareceu ligeiramente deselegante, e ele mais tarde lamentou, explicando que tinha sido dez vezes melhor no ensaio, mas, quando continuou dançando sem camisa, ninguém teve muito do que reclamar! Quem ganhou a batalha? Em uma pesquisa realizada nas duas semanas seguintes, o BTS recebeu 90,1% dos votos. Foi uma grande vitória tanto para o BTS quanto para o Army — uma combinação que seria mobilizada muitas e muitas vezes...

Antes do final do ano e dos especiais musicais natalinos de TV, os Bangtan Boys tiveram tempo de viajar e se apresentar em mais três shows do que ficou conhecido como a turnê Red Bullet. Em Manila (7 de dezembro), Singapura (13 de dezembro) e Bangcoc (20 de dezembro), o BTS — com RM agora ostentando um cabelo vermelho flamejante — fez uma apresentação tão boa quanto em seu primeiro show em Seul, enquanto o Army, pela primeira vez fora de Seul, preparou incríveis *chants*, acenos sincronizados com os bastões de luz e cartazes surpresas.

BANGTAN BOMB

Someone Like You
(interpretada e produzida por V)

O fim do ano se aproxima, e também o aniversário de V. Em 2014, ele decidiu dar um presente ao Army na forma de sua primeira música cover. Então perguntou aos fãs no Twitter o que deveria escolher, e alguém sugeriu "Someone Like You", de Adele. Segundo ele, era o tipo de vocal emocional que o atraía, então foi o que escolheu. Além disso, ele mesmo planejou e dirigiu o vídeo, filmando-o no beco perto do dormitório em apenas dezesseis minutos.

Era o segundo Natal do BTS. Apesar de muitos na Coreia duvidarem que o grupo fosse capaz de conquistar novos fãs, os garotos não paravam de provar que essas pessoas estavam erradas, à medida que o número de seguidores de seu perfil só aumentava. Naquele ano, eles apareceram pela primeira vez nos prestigiosos especiais K-pop de Natal, *M Countdown Christmas Special* e o *Music Core End of the Year Special*. Além disso, também foram convidados para aparecer na *Seul Countdown*, uma celebração de ano-novo em frente ao Lotte World Tower, o maior arranha-céu da Coreia. Foi uma grande honra, mas procure Jungkook no vídeo da apresentação deles no YouTube e ficará desapontado — o *Maknae* de Ouro ainda era menor de idade e, por lei, não podia trabalhar tão tarde!

Para quem gosta de ver os Bangtan Boys capricharem no visual, perceba a variedade de figurinos usados durante a temporada de prêmios de janeiro de 2015. Os garotos receberam seu prêmio *bonsang* no Seul Music Awards usando uniformes escolares complementados por coletes fechados ou de botão. Quando ganharam o World Rookie Award, no Gaon Chart K-Pop Awards, usaram jaquetas cinza de dois botões com golas pretas, gravatas e calças pretas e camisas brancas. No Golden Disc Awards, receberam seu *bonsang* por *Dark & Wild* vestindo jaquetas marrons mais casuais, gravatas verdes, calças brancas e camisas variadas.

O fato de estarem recebendo *bonsangs* dá uma ideia do lugar que ocupavam na categoria K-pop. Esses prêmios são conquistados em razão das conquistas dos artistas no último ano e não é incomum que até dez *bonsangs* sejam dados em uma categoria. No entanto, a maior ambição do BTS era ganhar o *daesang* — o grande prêmio. Para alcançar esse nível, eles primeiro precisariam garantir uma vitória em um programa de música, o que passava a ser o objetivo imediato.

O BTS entrou no ano de 2015 como um dos vinte melhores grupos da Coreia, o que era excelente para artistas que não tinham o apoio de uma das Big Three, compunham o próprio material e continuavam a produzir predominantemente música com base hip-hop. Mas os meninos poderiam se aperfeiçoar um pouco mais?

Com certeza, era possível. O Army ficava cada dia mais forte, e o *fan café* estava perto de comemorar 100 mil membros. Os garotos conseguiam espaço na TV tanto em grupo quanto individualmente (em janeiro, V apresentou *Best of the Best*, na MTV, ao lado de Suejong, do Lovelyz. RM, por sua vez, tinha um trabalho na TV em vista). Agora buscavam conquistar mais fãs em outros países, com turnês no Japão e nos Estados Unidos. Ainda assim, talvez houvesse uma sensação de que era agora ou nunca. Se não vencessem um programa de TV, produzissem um álbum que alcançasse o topo das paradas ou ganhassem o cobiçado *daesang* naquele ano, cairiam no esquecimento como muitos aspirantes do K-pop antes deles?

O BTS cairia no esquecimento como muitos aspirantes do K-pop antes deles?.

Um caminho para o sucesso podia ser o Japão. Somente a indústria musical americana fazia mais dinheiro do que a japonesa; os fãs eram muito entusiásticos e os maiores compradores de CDs físicos do mundo, além de terem um apetite crescente por K-pop. O BTS estabelecera as bases para o sucesso ao gravar versões japonesas de seus hits, e levara a turnê Red Bullet para Kobe e Tóquio, mas agora os meninos se preparavam para dar um passo maior e tomar o Japão de assalto.

O rapper japonês KM-MARKIT, que trabalhou com alguns dos maiores nomes do hip-hop japonês, ajudou a traduzir e retrabalhar as letras coreanas do BTS, para que eles pudessem lançar seu álbum *debut* em japonês, *Wake Up*, no final de 2014. Além de versões japonesas de todas as suas músicas mais populares, o álbum trazia três novas faixas: "Pt. 2 — At That Place", uma música-resposta para "I Like It"; "The Stars", com alguns vocais de Jin; e "Wake Up", que mesclava um suave rap em estilo japonês com o som do BTS.

Com o álbum alcançando o segundo lugar nos charts japoneses, o BTS se apresentou, entre 10 e 19 de fevereiro, para um total de 25 mil pessoas em seis shows lotados em Tóquio, Osaka, Nagoya e Fukuoka. Além das músicas de *Wake Up*, os garotos presentearam o público com algumas surpresas, como a faixa de pré-estreia "Adult Child" e um cover de "Beautiful", da Mariah Carey. Como sempre, ao irem embora, tinham despertado um interesse ainda maior pelo grupo e deixado os fãs gritando para que voltassem logo.

Quando retornaram para Seul, tinha chegado a hora de RM ser o centro das atenções. Nossa, como sua agenda estava cheia! Enquanto gravava *Problematic Men*, uma nova série televisiva de resolução de enigmas com celebridades, ele lançou um single colaborativo, "P.D.D", com ninguém menos que Warren G, o rapper que o grupo conhecera em *American Hustle Life*, e lançou sua tão esperada mixtape, intitulada *RM*.

Aqueles que estão prestando atenção podem ter se perguntado: "Se Red Bullet é o Episódio II, o que aconteceu com o Episódio I?" O BTS respondeu isso anunciando duas apresentações, nos dias 28 e 29 de março de 2015, no Olympic Hall, em Seul, com o nome de "Live Trilogy Episode I: BTS Begins". O show era uma forma de relembrar a carreira deles até o momento — do nascimento do grupo até o álbum mais recente — e uma oportunidade de agradecer profundamente ao Army e aos pais, alguns dos quais estavam lá, assistindo pela primeira vez ao grupo se apresentar ao vivo.

Os meninos, usando blazers sobre agasalhos brancos em que se lia "BTS Begins", apresentaram mais de vinte de suas músicas para um público encantado. O show incluía canções pré-*debut*, como o cover de "Too Much", de Drake, assim como todos os seus singles, e até mesmo algumas pequenas amostras de seu próximo álbum. Dois vídeos do YouTube relacionados a este show estão entre os preferidos pelos fãs. O primeiro é uma gravação da Bangtan TV mostrando o espantoso ensaio coreográfico de J-Hope para o evento e o outro é um vídeo da última música da noite: uma fantástica performance de "Born Singer", sua versão pré-*debut* de "Born Sinner", de J. Cole. Assista, porque são demais!

BANGTAN BOMB

It's Tricky! BTS, aqui vamos nós! (por Run-DMC)

Eles podiam estar usando seus melhores trajes Donna Karan (RM claramente não recebeu o memorando!), mas o que há de sensacional nesse vídeo é que ainda são crianças se divertindo. O clássico do Run-DMC é uma de suas músicas antigas preferidas e, enquanto toca, os garotos mostram alguns passos atrevidos, extravagantes e impressionantes. Primeiro Jimin percebe que está perdendo, então RM decide que quer se juntar também e... ei, e quanto a Jin? Alegre e divertida, esta pode ser uma das melhores Bangtan bombs de todos os tempos!

SUGA

FICHA TÉCNICA

Nome: Min Yoongi
Apelidos: Suga, Gênio, Agust D, Syub Energy, Motionless Min, Minami, Vovô
Data de nascimento: 9 de março de 1993
Local de nascimento: Daegu, Coreia do Sul
Altura: 1,74 metro
Educação: Daegu Taejeon Elementary School, Gwaneum Middle School, Kangbuk High School, Apgujeong High School, Global Cyber University
Horóscopo chinês: Galo
Signo: Peixes

8

MIN YOONGI/SUGA: *SWAGMASTER* SELVAGEM

O Army sabe que há mais de um Suga. Há o rapper de Daegu que não dá a mínima para o que os outros pensam; há o Yoongi fofo com um sorriso que derrete corações; e há o Motionless Min, o rapaz viciado em dormir que diz que na próxima vida quer ser uma rocha e não fazer absolutamente nada. E não se esqueça do produtor Suga, tão obcecado em encontrar a batida perfeita que trabalha em qualquer lugar (nas salas de embarque do aeroporto, nas salas de espera dos estúdios de TV e até mesmo em banheiros apertados). Não é de admirar que esteja sempre cansado!

Quando o Army escreve sobre Suga, normalmente usa a palavra "selvagem". Ele é brutal, mas impressionante em palavras e ações. Este é o cara que, ao pedirem para que se descrevesse, disse: "Min Suga, gênio", acrescentando que nenhuma outra palavra era necessária. Ele é o rapper que, quando os *haters* acusaram o BTS de fazer playback, parou deliberadamente de cantar no meio da música, e é o membro travesso que fala em inglês bem quando RM acaba de dizer que nenhum dos outros sabe bem a língua.

Min Yoongi, como muitas vezes gosta de nos lembrar, cresceu em Daegu, na província de Gyeongsang do Norte. Os homens de lá são estereotipados como machões e temperamentais, e o dialeto, no qual às vezes ele faz

Suga confessou não acreditar que um garoto pobre de Daegu pudesse ter chegado tão longe.

rap, pode soar meio áspero para outros coreanos. Como V, ele foi criado parte da vida pela avó e os dois parecem ter tido uma infância mais difícil do que a dos outros. Suga confessou que, após o *debut*, voltou ao dormitório e ficou sentado, olhando para a parede, sem poder acreditar que um garoto pobre de Daegu pudesse ter chegado tão longe.

Mas isso graças à sua determinação e ao seu talento musical. A canção "First Love" conta que Yoongi aprendeu a tocar piano no ensino fundamental e, embora se saísse bem nos estudos, a música despertou um interesse pessoal nele. Em 2005, quando descobriu os grupos sul-coreanos Stony Skunk e Epik High, apaixonou-se perdidamente pelo hip-hop. Suga ainda considera "Fly", do Epik High, como uma de suas músicas preferidas de todos os tempos, e diz que aquelas canções cheias de esperança e a recusa do grupo em comprometer sua credibilidade musical inspirou sua identidade musical. (Em 2017, quando Suga postou uma foto de seu cartão do hotel do Billboard Awards, Tablo, do Epik High, respondeu com um triplo polegar positivo, então parece que a admiração agora é mútua.)

O adolescente Min Yoongi se dedicou a descobrir tudo sobre o hip-hop. Aprendeu sozinho a operar softwares de produção musical e, aos 17 anos, estava trabalhando meio período em um estúdio de gravação, escrevendo letras e aprendendo a compor e fazer arranjo. Ele já comentou em entrevistas que ganhava apenas o suficiente para bancar o dinheiro do ônibus até o estúdio e a comida, e às vezes tinha que caminhar duas horas até em casa se gastava demais em macarrão.

O trabalho duro de Yoongi o ajudou a construir seu nome no cenário musical de Daegu. Ele se tornou uma fonte confiável de "beats" (faixas de apoio) para os rappers da cidade, produzia as mixtapes deles e até mesmo adotou um nome artístico, Gloss, e começou a fazer rap também. Em 2010, como parte da equipe de hip-hop

O trabalho duro de Yoongi o ajudou a construir seu nome no cenário musical de Daegu.

D-Town, produziu e compôs uma música para um festival local. A canção falava sobre o Massacre de Gwangju, ocorrido em 1980, em que centenas de estudantes foram mortos, e revelava a firmeza do jovem compositor em enfrentar questões que outros consideravam tabu.

Alguns meses depois, um panfleto anunciando que Bang Si-hyuk iria fazer uma audição de rap chamou a atenção do aluno do ensino médio. Ele passou pela seleção preliminar, mudando as batidas para um arranjo próprio, mas ficou em segundo lugar na batalha final de rap. Felizmente, a Big Hit ficou impressionada com suas habilidades de produção e o contratou de qualquer maneira. Quando o vencedor, i11evn, deixou a empresa, Yoongi entrou para o grupo, o segundo da formação final do BTS.

Em entrevistas, Suga revelou que, embora seu irmão o apoiasse desde o início, seus pais inicialmente foram contra a ideia de ele seguir uma carreira na música. Mas, quando mudaram de opinião, tornaram-se fãs entusiastas, até mesmo o chamando pelo nome artístico. Seu pai, brincando, disse em um *fan meeting* que não entendia por que o Army gostava tanto de Suga! No show HYYH Epilogue, de 2016, ao ver seus pais em meio à multidão, Suga caiu de joelhos e se curvou para eles. E, em 2017, Suga comprou para a mãe um restaurante em Daegu chamado Big Hearted Grandma's Blood Sausage Soup ["Sopa de morcela da vovó de coração grande"]. Bem, provavelmente deve soar melhor em coreano...

Quando Yoongi se tornou um ídolo *trainee*, precisava de um nome de *idol* e deu duas razões para ter escolhido Suga. Uma se relaciona ao seu amor pelo basquete. Mesmo enquanto era *trainee*, ele jogava toda semana. Sua posição era a de ala-armador (*shooting guard*, em inglês) e "Su Ga" é uma abreviação do termo. No entanto, também já falou que o apelido pode ser uma brincadeira com a palavra *sugar* (açúcar), já que sua pele é muito branca comparada com a de muitos coreanos, e ele é um doce — principalmente quando sorri. É claro que o Army tende a preferir a segunda explicação!

Suga achou difícil ser um *trainee*. Conta que não gostava nem um pouco de Bang Si-hyuk na época e que, uma vez, saiu do ensaio para confrontar o chefe e dizer que estava deixando o grupo. Felizmente, após uma briga acalorada, Suga se juntou novamente aos amigos na sala de ensaio. Na época, ele também trabalhava meio período para ganhar um dinheiro extra, incluindo fazer entregas de bicicleta. Após um acidente na estrada, machucou o ombro. Suga escondeu a lesão da empresa e pensou em voltar para casa. Quando descobriram, eles se ofereceram para ajudá-lo financeiramente e disseram que esperariam ele se recuperar e poder retomar o treinamento.

BANGTAN BOMB

Hora da dança com os garotos de 1995 e um aplicativo de batidas

Nem sempre é fácil ser um Bangtan boy. Bem quando se está tentando conseguir alguns preciosos minutos de descanso, aparecem Jimin e V, os garotos nascidos em 1995, com energia de sobra e pensando em aprontar todas. Fazendo sons e batidas em um aplicativo do Launchpad, eles agitam bem ao lado de seus irmãos adormecidos e dão um jeito de não apanhar! Quem chega mais perto de agredi-los? Talvez Suga, se tivesse energia. Ou RM, se não fosse tão legal. Ou talvez Jungkook, se o *maknae* não devesse lhes mostrar respeito.

Seu vínculo com os outros o ajudou a enfrentar esses dias. Os garotos chamam Suga de "Vovô", já que ele troca as lâmpadas, conserta maçanetas e as coisas que RM quebra... e está sempre tirando uma soneca! Embora costume ser o mais sério do grupo e não participe das brincadeiras dos mais novos, Suga é respeitado e amado pelos outros. Desde que entrou para a Big Hit, conheceu RM, com quem logo começou a trabalhar. Até se mudarem para o recente apartamento luxuoso do grupo, ele dividia o quarto com Jin, recusando-se a pensar em qualquer possibilidade de troca, por achar Jin o colega de quarto perfeito.

O vínculo entre Suga e Jungkook é uma das histórias famosas do BTS. O próprio Suga descreveu a si mesmo e ao *maknae* como "O Duo do Espeto de Carneiro". Esse prato é o preferido de Jungkook desde que Suga o apresentou a ele. Ele já pediu a Suga para sair e comprá-lo tantas vezes, que pensaram em montar um restaurante de kebab de carneiro. Brincaram muito sobre essa ideia até 2017, quando Jungkook revelou à revista *Army* que os pais de Suga lhe explicaram que era uma ideia fadada ao fracasso. Suga, então, começou a pensar em montar um negócio de móveis!

Mas o verdadeiro interesse de Yoongi está na tecnologia. Em seu primeiro vlog para o BTS, falou sobre o *digital controller* que usava para fazer as batidas. Com o tempo, fomos nos acostumando a vê-lo com uma câmera, e surgiu uma hashtag no Twitter, que os fãs traduziram como "a visão de Suga". As publicações mostravam fotos dos integrantes do BTS, curiosidades ou lugares para onde viajara com o grupo.

A personalidade característica de Yoongi lhe garantiu um lugar especial no coração dos Armys quando demonstrou seu jeito estranho de puxar uma conversa com uma garota no *American Hustle Life*: "Gosta dessa corrente? Três dólares." Os fãs gargalharam quando ele "criou" a palavra "infires" sua versão para "inspires" (inspira, em inglês), e a *rap line* nonsense "Min Suga genius jjang jjang man boong boong", uma frase imortalizada ao acompanhar a foto de Suga no celular de Jimin.

Outro adorado momento de Suga foi quando interpretou uma estudante incrivelmente bonita (Min Yoonji) de uniforme e peruca preta, em *Run BTS!*. Por fim, o Army nunca vai se esquecer da gravação de um evento do BTS em que uma fã superentusiasmada grita com Suga de maneira hilariante, acusando-o de ser um homem perigoso, e ameaça processá-lo por ferir seus sentimentos sendo tão lindo.

Devido à sua natureza tranquila e reservada, Suga não costuma declarar seu amor pelo Army tanto quanto os outros. Ele é o Suga, e faz isso do seu próprio jeito. Em um evento de autógrafos em 2014, disse aos fãs que, quando ganhasse muito dinheiro, compraria carne para eles. Um ano depois, perguntaram quando ele cumpriria sua promessa. Suga respondeu que seria em 9 março de 2018, seu 25° aniversário, na época ainda três anos no futuro. Fiel à sua palavra, nesse dia ele doou carne coreana para 39 orfanatos, não em seu nome, mas em nome do Army.

BANGTAN BOMB

Bastidores do dueto vocal "SOPE-ME"

Suga e J-Hope (SOPE) são uma dupla que os fãs adoram ver juntos. A série ocasional V-Live "Hwagae Marketplace" é sempre muito divertida e suas fotos vestindo agasalho laranja "SOPE" iguais para a festa de 2016 são ótimas. Esta Bangtan bomb, em que os rappers tentam ser vocalistas, mostra como eles se dão bem.

Em janeiro de 2014, Suga teve apendicite enquanto a banda divulgava o trabalho no Japão... Um dia após ser liberado, estava de volta a Tóquio para um *showcase*.

Em janeiro de 2014, Suga sofreu de apendicite enquanto a banda divulgava o trabalho no Japão. Ele voou de volta para a Coreia para o tratamento, mas, um dia após ser liberado, estava de volta a Tóquio para um *showcase*. Durante o evento, os integrantes deveriam ler cartas que tinham escrito para os fãs. Jin, no entanto, optou por ler uma carta que havia escrito para Suga. Disse quanto o admirava por sua determinação em se apresentar para o Army apesar de ainda estar se recuperando, mas também lembrou a ele que não havia problema em se sentir assim e que os outros membros do BTS sempre cuidariam dele.

Os fãs se lembrariam dessas palavras em dezembro de 2015, quando o BTS anunciou que cancelaria um show, novamente no Japão, porque V e Suga não estavam bem. Embora V estivesse mesmo doente, Suga mais tarde admitiria que sofrera de uma ansiedade incapacitante que não lhe permitira enfrentar o público naquela noite. Especulou-se que Suga sofria de problemas de depressão desde a adolescência. Mesmo assim, ele sentiu que havia decepcionado os fãs no Japão. E admitiu ter tido problemas para dormir, suado frio e chorado por não conseguir se apresentar. Seus tuítes nas semanas seguintes revelaram um artista bem para baixo. Quando o grupo finalmente teve uma pausa em sua agenda, ele fora ao local sozinho para tentar sentir as emoções dos fãs que acreditava ter desapontado. Com total sinceridade, descreveu-se como uma pessoa fraca que age como se fosse forte, e agradeceu ao Army por ficar com ele.

Em agosto de 2016, Suga lançou uma mixtape para download ou stream gratuitos, intitulada e gravada sob o nome Agust D (de trás para frente lê-se DT Suga, sendo DT a abreviação de Daegu Town). Produzida inteiramente por Yoongi, e com faixas como "Agust D" e "Give It to Me", temos todo o impacto do *brag rap*, em que defende seu status de *idol*. Na primeira música, Suga/Agust D se gaba de sua "tecnologia de língua", um termo que o Army adora. Mas o que de fato a mixtape permitiu foi que Yoongi contasse sua história.

BANGTAN BOMB

Ensaio da coreografia de "뱁새" (versão 흥) - BTS (방탄소년단)

Se procurar por "Bangtan Bomb festa dance practice 2016", você poderá assistir à reação hilária de Suga ao perder no jogo de pedra, papel e tesoura durante os ensaios da dança "Baepsae" para a festa 2016. J-Hope geralmente faz break dance quando apresentam essa música, mas dessa vez a "honra" ficou com o membro que menos gosta de ser o centro das atenções. Suga, claro, traz sua própria abordagem ligeiramente diferente para o solo de dança. Elegante? Não. Emotiva? Nem um pouco. Divertida? Pode apostar!

Com o nome inspirado nos números dos ônibus que pegava para a escola em Daegu e Seul, "724148" fala sobre sua jornada desde Daegu e as dificuldades da vida de *trainee*, trabalhando meio período pela manhã, indo para a escola durante o dia e ensaiando à noite. E ele realmente desnuda sua alma, revelando as ansiedades que parecem consumi-lo. Podemos ver isso de maneira clara em "The Last", em que fala francamente de seus problemas de transtorno obsessivo compulsivo e depressão, e visitas a psiquiatras.

A mixtape chega ao fim com "Tony Montana", que faz referência à história do gângster fictício retratado por Al Pacino no filme *Scarface*, de 1983, em que o "sucesso não é igual a felicidade". E termina com a lenta, emotiva e bastante popular "So Far Away", em que Yoongi fala da coragem necessária para seguir e conquistar seus sonhos. Aqui os vocais são de Suran (Yoongi escreveu "Wine", o hit de 2017 da cantora).

Com seu grande talento para produção, composição, rap e dança, Suga provou ser um grande artista e parte integrante do BTS. Ele também é um cara franco e sincero, com um lado sensível e coração de *rapper underground*, tudo isso resultando no Suga doce e selvagem adorado pelo Army.

9

MOMENTOS BONITOS

Finalmente chegara o dia do *comeback*. E parecia que poderia ser o *comeback* mais crucial da carreira dos meninos. Eles queriam tanto aquela vitória em um programa de música, que mencionaram isso em várias das entrevistas que deram na primavera de 2015 — e até mesmo no *skit* do álbum que estava por vir. Mas era mais fácil falar do que fazer. Havia tantos artistas populares de K-pop. Então o BTS precisava produzir algo muito especial.

O novo miniálbum, *The Most Beautiful Moment In Life, Part 1*, foi anunciado para o final de abril de 2015. O vídeo do *comeback* foi mais uma vez um rap, mas desta vez de Suga. Um belo anime mostrava um jovem jogando sozinho em uma quadra de basquete para se esconder da realidade da vida. Terminava com uma letra que explicava que, mesmo em tempos difíceis, era possível encontrar a felicidade nos "momentos bonitos".

RM pensou muito sobre o tema que cobriria aquele lançamento e o seguinte, antes de escolher a frase chinesa *Hwa yang yeon hwa* (às vezes abreviado para HYYH) para resumir a filosofia por trás do álbum. A frase geralmente é interpretada como "a idade do florescer", uma metáfora para a época da juventude, da beleza e do amor. No entanto, seguindo a missão do BTS de falar abertamente sobre as ansiedades e os problemas dos jovens, o grupo optou por uma tradução ligeiramente diferente para o título do álbum: "O momento mais bonito da vida."

RM explicou melhor o tema do álbum, enfatizando que os jovens devem apreciar seus momentos de alegria e beleza, mesmo que possam estar enfrentando uma fase difícil.

Durante as apresentações ao vivo, RM explicou melhor o tema do álbum, enfatizando que os jovens devem apreciar seus momentos de alegria e beleza, mesmo que possam estar enfrentando uma fase difícil na escola, no trabalho, com os pais ou em um relacionamento. As legendas em inglês do show traduziram suas palavras assim: "Se puder sentir este momento com todo o coração, e estiver pronto para aceitá-lo, então, daqui em diante a vida pode ser bonita."

Um pouco depois da publicação do trailer, vieram as novas fotos-conceito. Havia um conjunto de fotos para cada um dos dois designs do álbum — uma versão rosa e uma versão branca. A primeira versão fazia o contraste das cores das roupas dos meninos com a grama verde e as flores de cerejeira do Parque Nacional de Gyeongju, com seu aspecto melancólico. O segundo conjunto, dessa vez em preto e branco, refletia um clima similar, mas as fotos foram tiradas em Yeongdeok, no mar do Japão, com um cenário de inverno à beira-mar.

Em 29 de abril de 2015, antes do lançamento do álbum e do vídeo à meia-noite, o BTS apareceu em *Starcast* em seu próprio show ao vivo de uma hora, chamado "I Need U BTS on Air" (ainda disponível no V-Live), onde falaram sobre as fotos e o álbum, e apresentaram uma impressionante versão "slow jam" de "I Need U". Vê-los rindo e brincando juntos de forma tão descontraída fazia as caras melancólicas das fotos parecerem quase inacreditáveis. Mas, como iríamos descobrir, além de cantar e dançar soberbamente, os garotos também eram bons atores.

Os rapazes não dançam no MV de "I Need U", que apresenta uma história bastante sombria. É tão lúgubre que o vídeo original foi reeditado porque continha cenas que poderiam chocar ou perturbar os espectadores mais jovens (mais tarde foi postado com uma indicação para maiores de 19 anos). O MV leva a ideia da fragilidade da juventude a uma conclusão sombria: uma derrocada em direção à violência, overdose de remédios e até indícios de suicídio. As frustrações de "Danger" não são nada comparadas aos extremos aqui retratados, em que cada integrante tem uma história, todas com um tema de desesperança.

Filmadas com um filtro azul, as cenas melancólicas dão aos garotos a chance de interpretar. Jimin queima cartas sentado na banheira, Jungkook é atacado por valentões, V reage violentamente ao pai abusivo. E eles realmente convencem na atuação. As imagens são cheias de simbolismo a respeito de deixar a infância para trás e ter mais autoestima, então é não é de espantar que o Army continue formulando teorias sobre o significado desse vídeo.

A atmosfera de solidão contrasta perfeitamente com as imagens do grupo reunido. Vestidos em estilo casual, eles estão rindo e se abraçando, brincando e curtindo a companhia um do outro. Jimin está com uma camisa polo Fred Perry; V, com a camisa de uma banda punk; preste atenção na camisa com suspensórios de RM; e Suga com uma jaqueta de couro e camisa branca. Parecem rapazes comuns se divertindo.

O vídeo alcançou seu objetivo. Em poucas horas a hashtag #Ineedu era um dos *trending topics* no Twitter, e o cenário era perfeito para o lançamento do miniálbum. As versões rosa e branca do CD vinham com um elegante caderno de 120 páginas, trazendo ainda mais fotos das sessões com as flores e à beira-mar, além das já aguardadas fotos do grupo e de um dos integrantes.

O vigoroso rap de Suga usado para o trailer serve como introdução ao álbum: um discurso inflamado contra as vozes da insegurança, impulsionado pelas batidas da bola de basquete quicando e intensificada pelo som do tênis guinchando na quadra. Em seguida, temos o single "I Need U", que estabelece o som eletropop e a intensidade do nível emocional do resto do álbum e retoma o conhecido tema da saudade de um amor que terminou. No entanto, aqui temos uma reflexão mais madura. Eles não são mais garotos "in luv". Agora é sério, e pela primeira vez estão preparados para usar a palavra "love".

Aqueles que descobriram o BTS nesse ponto podem não compreender o quanto o grupo evoluiu. As transições entre cantores e rappers são muito mais suaves. Eles se distanciam ainda mais do hip-hop em direção a um estilo pop mais suave, mas sem perder a batida. O que fazem não é

Estavam forjando um som próprio, e "I Need U" era o single mais completo até então.

uma imitação do rap americano e não é hip-hop coreano ou K-pop puro. O BTS estava forjando um som próprio, e "I Need U" era o single mais completo até então.

No entanto, quem quer que tivesse sentido falta da dança no MV não precisaria esperar muito. Poucos dias após o lançamento, a Big Hit divulgou um vídeo com um ensaio de coreografia para a música. Essa coreografia era mais sutil do que muitas das outras. Pelo menos até o refrão, quando passos incrivelmente vigorosos e angulares vêm à tona. A excitação era maior em razão da ansiedade pela divulgação dos shows que estavam por vir.

A faixa três, "Hold Me Tight", marcou a estreia de V como compositor. Enquanto assistia à *rap line* trabalhar por todo esse tempo, vinha esperando pacientemente seu momento, até emergir com esta canção de amor que mistura sintetizador e piano suave. Em seguida, temos "Skit: Expectation!", em que a banda discute suas esperanças para o álbum ou, na verdade, ousa esperar alguma coisa. Isso mostra o lado inseguro dos meninos e como eles realmente querem acreditar que têm uma chance de sucesso, mas são contidos pela modéstia ou talvez pela falta de confiança. Fato curioso: no programa de TV *Pops in Seoul*, Jin garantiu que "I Need U" seria um sucesso, porque sempre que J-Hope fala que algo será um fracasso, aquilo se sai bem. E J-Hope previra resultados decepcionantes para o novo single!

"Bem-vinda. Primeira vez com o BTS?", pergunta RM, saudando o sempre crescente número de novos recrutas do Army, no início de "Dope". A energia retorna com essa quinta faixa do álbum, a música mais popular que o BTS gravara até o momento. Jeff Benjamin, da *Billboard*, um dos primeiros defensores do grupo nos Estados Unidos, elogiou a "agressividade" da letra, a produção pronta para uma festa e o *breakdown* exótico com o som de buzinas. Os Estados Unidos começavam a notar o BTS. E como poderiam não notar? Em uma faixa bem para cima, o BTS mostra sua habilidade em mesclar o som de um sintetizador de corda, um *break* jazzístico e uma batida forte enquanto cantam sobre vencer seus críticos e celebrar o sucesso.

É como se, apesar da modesta expectativa, eles soubessem o tempo todo que tudo iria dar certo.

O que você quer neste momento é algo alegre e dançante? É exatamente isso que terá com "Boyz with Fun". A música se tornou uma das preferidas dos fãs nos shows ao vivo, devido à coreografia relativamente fácil de imitar e à tradição de V de inventar um passo novo que os outros precisam executar na hora.

Os garotos já tinham dado uma prévia de "Boyz with Fun" e da faixa seguinte, "Converse High", nos shows que fizeram em março no Olympic Hall, em Seul. O tema desta última, escrita por RM, já era conhecido por aqueles que o tinham ouvido falar sobre seu tipo ideal: ele gosta de garotas com tênis Converse vermelhos de cano alto. Nesta música suave, com um toque de R&B, ele consegue convencer o restante da banda da excelência de sua marca preferida de calçados — exceto Suga (é claro), que tem seu próprio verso falando mal da marca!

Na primavera de 2015, os garotos finalmente tinham trocado de dormitório. No começo, todos os sete dormiam no mesmo quarto, mas, com o sucesso, eles se mudaram para um dormitório maior de três quartos, onde Jin e Suga dividiam um espaço; RM e Jungkook, outro; e J-Hope, Jimin e V, um terceiro. Por isso, "Move" traz um hip-hop suave e guitarras para falar sobre a mudança de dormitórios e de suas lembranças felizes e tristes do último lugar. É o BTS usando a mudança como uma metáfora para subir no ranking como ídolos.

A nona e última faixa, "Outro: Love Is Not Over", mantém a tradição de fechar o álbum com a *vocal line*. Esta balada com acompanhamento em piano foi a oportunidade que Jin e Jungkook tiveram de brilhar na área da composição. E eles conseguiram, com uma bela e comovente negação do fim de um romance.

BANGTAN BOMB

Up Down Up Up Down (por Exid)

Mais brincadeiras na sala verde. Desta vez J-Hope e Jimin lideram uma paródia espontânea de "Up and Down", do grupo feminino EXID. Este vídeo tem mais de 5 milhões de visualizações, provavelmente em razão da "dança sexy" que fizeram, ou ainda em razão da coreografia que mais tarde repetiriam no *Weekly Idol*.

Desde o início, o BTS tem tentado estabelecer um relacionamento único com seus fãs através das redes sociais. Desde o verão de 2015, embora os ensaios coreográficos e as Bangtan bombs continuassem a ser postados no YouTube, outros vídeos do BTS começaram a aparecer no recém-lançado V-Live. Esse aplicativo permite aos grupos de K-pop postarem vídeos ao vivo e gravados (com traduções em inglês) e até mesmo conversar com os fãs em tempo real.

A primeira série do BTS que apareceu no aplicativo V-Live consistia em episódios de cinco a dez minutos chamados *BTS Bokbulbok*. O título pode ser traduzido como *Questão de Sorte*. O grupo escolhe um jogo aleatório — pode ser um videogame de boxe, tênis de mesa ou empilhamento de copos. Confira o primeiro episódio, em que eles fazem charadas e Jungkook, Jin e Jimin imitam cangurus, ou o episódio três, em que V se arrasta pelo salão vendado em uma hilariante rodada de esconde-esconde.

Em agosto de 2015, o V-Live começou a transmitir uma divertida série chamada *BTS Gayo*. Nos oito episódios (ou "faixas", como são chamados aqui), os rapazes precisam vencer desafios como imitar coreografias de grupos femininos ou tentar reconhecer imitações de outros cantores de K-pop. O Army adora principalmente a faixa dois, em que os meninos reencenam cenas românticas de filmes coreanos, e a faixa seis, em que uma disputa para encontrar o pior dançarino do BTS termina com uma fabulosa batalha de dança improvisada entre Suga e J-Hope.

Em outra série do V-Live, *Run BTS!*, os meninos se veem fora do estúdio, e com ainda mais espaço para jogos, desafios e atividades. Se você já se perguntou se J-Hope alguma hora para de sorrir, então vai adorar assistir às reações dele na montanha-russa durante o episódio três. E se acha que eles são corajosos, não deixe de vê-los suando frio no elevador até o bungee jump no episódio nove!

O V-Live se tornaria um veículo importante para o BTS. Alguns dos integrantes tinham seus próprios shows ao vivo, como "Eat Jin"; "Hwagae Marketplace", de Suga e J-Hope; "Hope on the Street", de J-Hope; e "What are the 95z Doing?", de Jimin e V. O grupo também faz transmissões regulares ao vivo pelo aplicativo, seja nos bastidores de cerimônias de premiação, no vestiário antes dos programas de variedades da TV, no aniversário de todos os garotos, e até mesmo depois dos shows por todo o mundo.

Mas isso não quer dizer que o BTS se esqueceu da importância da TV. Com o vídeo de "I Need U" alcançando 1 milhão de visualizações em dezesseis horas de publicação e conquistando o quinto lugar no chart da Gaon, e o miniálbum chegando ao segundo lugar, eles se prepararam para os programas musicais da TV coreana. Será que finalmente conseguiriam aquela elusiva vitória?

J-HOPE

FICHA TÉCNICA

Nome: Jung Hoseok
Apelidos: J-Hope, Hobi, Smile Hoya
Data de nascimento: 18 de fevereiro de 1994
Local de nascimento: Gwangju, Coreia do Sul
Altura: 1,77 metro
Educação: Ilgok Middle School, Kukje High School, Global Cyber University
Horóscopo chinês: Cão
Signo: Aquário

10

JUNG HOSEOK/J-HOPE: O RAIO DE SOL DO BTS

Mesmo que você não saiba ainda muito sobre o BTS, é fácil identificar J-Hope em qualquer entrevista. É aquele com o sorriso radiante. E se alguns deles estiverem sorrindo? Não se preocupe. Espere um minuto mais ou menos e um deles vai começar a dar gritinhos, acenar ou, se você tiver sorte, dançar. Esse será o J-Hope.

Desde o *debut*, a energia e a exuberância de J-Hope impulsionaram o BTS. Em entrevistas, vlogs, Bangtan bombs e apresentações, seu bom humor é evidente. Em uma entrevista durante uma *festa*, Suga deu a entender que este não era bem o caso em sua época como *trainees*, e que foi o nome "Hope" que levou Hoseok a ter essa atitude otimista. Se é verdade ou não, J-Hope se orgulha de ser o raio de sol do BTS, muitas vezes se apresentando assim: "Sou sua esperança [*hope*], sou seu anjo."

É claro que J-Hope é muito mais do que um mascote feliz para o BTS. Ele tem o seu lugar na *rap line*, contribuiu com a composição e a produção de mais de cinquenta faixas para o BTS e é o dançarino principal. É J-Hope que assume a liderança nos ensaios de dança, ajudando os outros a dominar os passos nas longas sessões de treino. Song Seongdeuk, coreógrafo do BTS, já comentou sobre o compromisso e senso de dever com que J-Hope auxilia

Jimin observou como J-Hope, que costuma ter o coração mole, torna-se rigoroso quando ensina dança.

os outros integrantes, enquanto Jimin observou como o colega, que costuma ter o coração mole, torna-se rigoroso quando ensina dança.

Ao contrário de alguns outros integrantes do grupo, J-Hope já chegou à Big Hit como um talentoso dançarino. Ele dança desde o ensino fundamental e se lembra da emoção que sentiu ao ver a reação do público quando se apresentou em um show de talentos na escola. Sua paixão pela música e pela dança ficou para sempre.

O jovem Hoseok e sua irmã mais velha, Jung Dawon (que agora tem uma linha de roupas chamada "Mejiwoo"), cresceram em uma família amorosa em Gwangju, uma cidade no sudoeste da Coreia do Sul. Ao perder seu entusiasmo inicial por tênis, alguns vídeos de dança o inspiraram a dar vazão à sua paixão por música e performance. Com o tempo, além de se empenhar nos estudos, Hoseok começava a ficar famoso entre os amigos por sua habilidade com a dança, chegando a ganhar uma competição nacional.

J-Hope afirma ter sido muito comportado no ensino médio. Provavelmente ele não teve muita opção, já que seu pai era professor de literatura na escola. Hoseok não tirava as melhores notas, mas se destacava no hip--hop. Aos 15 anos, tinha aulas de dança em uma academia, apresentava-se regularmente com a Neuron, uma equipe local de *street dance*, e até fez um teste para a JYP Entertainment. Mais tarde, V recordou que, na época do *debut* do BTS, seus amigos perguntaram se J-Hope era aquele dançarino da academia em Gwangju (que usava o nome artístico de "Smile Hoya"). "Para vocês terem uma ideia do quanto ele era famoso", concluiu V.

Segundo J-Hope, foi seu amor pela dança e sua disposição para trabalhar duro que fizeram a Big Hit notá-lo. Diz a lenda que, após uma audição para um vídeo de dança em sua cidade natal, a equipe voltou várias horas depois para recolher as coisas e o encontrou ensaiando, concentrado. A notícia acabou chegando a Seul: eles tinham encontrado um rapaz dedicado e talentoso.

Em dezembro de 2010, J-Hope se tornou o terceiro da formação final do BTS a assinar com a Big Hit. Ele chegou ao dormitório na véspera de Natal e foi logo atingido pela realidade da vida de *trainee*: longas horas de ensaios intensos e dormir no alojamento. Foi Suga quem cuidou dele naqueles primeiros dias difíceis, chegando a trazer um frango para ele quando J-Hope precisou encarar a véspera de ano-novo sozinho.

O "J" de seu nome artístico veio do seu nome verdadeiro, Jung. Ele acrescentou "Hope" porque queria ser o membro otimista do grupo, o que certamente conseguiu. Além de ser recrutado como dançarino, ele também fazia parte da *vocal line*. Foi só quando V se juntou à empresa, seis meses depois, que J-Hope passou para a *rap line*. Era uma habilidade nova, mas ele trabalhou diligentemente com a equipe da empresa e os técnicos até desenvolver seu estilo.

Como todos os membros, J-Hope achou o período de treinamento bastante árduo. No documentário *Burn the Stage*, o grupo contou sobre a ocasião em que J-Hope decidiu deixá-los. Jungkook chorou e RM intercedeu com a Big Hit para convencê-lo a ficar. J-Hope explicou que só voltou porque acreditava que o grupo acabaria fazendo sucesso.

E o Army agradece por ele ter decidido isso. Hobi, como às vezes o chamam, já surpreendeu com suas performances em diversas ocasiões. Suas impressionantes habilidades de dança roubaram o palco nas batalhas do MAMA, em 2014 e 2015. Sua apresentação solo em "Boy Meets Evil" é de tirar o fôlego. Como dançarino principal, muitas vezes é reconhecido por sua parte na criação e na interpretação das complexas coreografias do BTS. Em um V-Live especial para "DNA", V afirmou que J-Hope era capaz de aprender qualquer coreografia complicada em apenas dez minutos.

J-Hope era capaz de aprender qualquer coreografia complicada em apenas dez minutos.

Não que ele seja apenas um dançarino. Seu estilo de rap suave e às vezes incrivelmente rápido contrasta com os tons mais ásperos de RM e Suga. Quem ouve "Whalien 52", "Ma City", "Cypher Pt. 3: Killer", "Let Me Know" ou "Boy Meets Evil" nem acredita que ele nem sempre foi da *rap line*. E em faixas como "Rain", "Tomorrow" e principalmente na ode à sua mãe, "Mama", J-Hope mostra por que fora escolhido originalmente para a *vocal line*.

O amor de J-Hope pela dança inspirou seus vídeos "Hope on the Street" no V-Live (que também podem ser vistos no YouTube). Neles, J-Hope dança e oferece dicas para os espectadores, mas sobretudo se diverte. Jungkook se junta a ele em um dos episódios. Em outro, Jimin chega em um hoverboard e depois V aparece de bicicleta e eles curtem bastante dançando freestyle.

Nascido em 1994, Hobi é a ponte entre os integrantes mais velhos e os mais novos do BTS. Bem-humorado, parece se dar bem com todo o grupo. E já se notou que ele é o único que sempre consegue fazer Suga rir. A amizade dos dois fica evidente nos vlogs Hwagae Market, no dueto SOPE-ME e em seus fabulosos trajes laranja.

A outra conexão óbvia é com Jimin, o primeiro a se aproximar dele, em parte pelo tempo que passaram juntos nos ensaios de dança. Quando se mudaram para seu apartamento de luxo e todos ganharam o próprio espaço, Jimin e J-Hope escolheram dividir o maior quarto. J-Hope disse: "Sou o mais velho e Jimin realmente me ouve. Não costumamos dizer isso um para o outro, mas sou muito grato a ele." Jimin, por sua vez, é grato por J-Hope dormir instantaneamente assim que cai na cama, e confia tanto em seu *hyung* que lhe ofereceu a responsabilidade exclusiva de limpar o quarto. J-Hope dispensou a oferta!

Jimin também contou que J-Hope pode fazer amizade com qualquer pessoa, e sua longa lista de amigos do mundo K-pop confirma isso. Entre eles, Ravi, do VIXX; Hyerin, do EXID; Hyungwon, do Monsta X, Zuny, do Ladies' Code; Zelo, do B.A.P; e Sunghak, do BIGSTAR. Em março de 2018, Jo Kwon, do 2PM, postou fotos dele e J-Hope juntos, dizendo estar muito orgulhoso por seu amigo ter chegado tão longe desde que tinham se conhecido, há seis anos, quando J-Hope, antes do *debut* do BTS, apareceu fazendo rap e dançando no vídeo da faixa solo de Jo Kwon, "Animal".

J-Hope pode fazer amizade com qualquer pessoa.

Seu carisma, sua natureza atenciosa e sua exuberância (sem falar da habilidade de exibir as mais incríveis expressões faciais) naturalmente também conquistaram os fãs do BTS. Nos primeiros programas de variedade, quando os outros meninos eram quase sempre um pouco reservados, J-Hope estava sempre disposto a participar. Poucos podem se esquecer do episódio da *Yaman TV*, de 2015, quando ele apresentou um *medley* impressionante com coreografias de alguns grupos femininos, com destaque para "Ice Cream Cake", do Red Velvet. Vale a pena conferir...

O pacote de verão de 2015 do BTS (uma sessão fotográfica em vídeo lançada em DVD) incluiu uma ida ao zoológico, onde J-Hope foi apresentado a uma cobra particularmente grande. Com o bicho nos ombros, ele parecia claramente aterrorizado, mas sua reação foi muito engraçada... tornando-se um dos memes preferidos dos fãs. Mas este era apenas um dos seus medos. Em vários episódios de *Run BTS!*, ele teve uma reação semelhante ao andar de montanha-russa e fazer bungee jump, Nota 10 para J-Hope por ser corajoso o suficiente para enfrentar essas coisas só para divertir os fãs!

Quando entrevistado sobre o incidente da cobra pelo SBS Asia, J-Hope saiu com a frase clássica: "*I hate snakeu!*" Ele sabe falar vários idiomas (especialmente japonês), mas seu inglês peculiar produziu alguns dos momentos preferidos pelo Army. Além de ter sido o instigador da conversa em que RM falou "Jimin's got no jams", ele também deu origem a outras pérolas, como "*Oh my hearteu is, my hearteu is...*" e "*Oh, Jimin is very no fun*!".

J-Hope também ficou conhecido por sua promessa de produzir uma mixtape. Ao longo dos anos, a ideia progrediu de "sonho" para "na minha lista de coisas a fazer em 2017", depois para "trabalhando nela". Alguns acreditavam que isso nunca aconteceria, mas acabou sendo apenas o mais longo *teaser* da história, porque, em 1º de março de 2018, ele lançou *Hope World*. Minha nossa, valeu a pena esperar!

BANGTAN BOMB

J-Hope × Os nascidos em 1995

Não se deixe enganar pelo título. Não é uma competição de dança nem um desafio de canto. É só o que acontece quando se acorda J-Hope. Ele é o membro sênior com que os nascidos em 1995 sabem que podem contar para um pouco de diversão... mas até que ponto podem provocá-lo? Bastante, como se vê neste vídeo encantador.

A capa com cores vibrantes, em estilo *cartoon*, dá o tom da obra na hora. A "hixtape", como *Hope World* foi chamado pelo Army, traz sete faixas que abrangem ritmos como pop, tropical, EDM, *trap* e *hard rap* (ou o mais *hard* a que J-Hope chega, com a participação de Supreme Boi, produtor do BTS, em uma das músicas), tudo isso adornado pelo jeito doce de J-Hope ver o mundo. Não há nenhuma introdução, apenas a faixa-título "Hope World", um número de dança que usa seu livro preferido da infância, *Vinte mil léguas submarinas*, de Júlio Verne, para apresentar o cantor e sua perspectiva sobre a vida.

"Daydream" é a primeira das faixas principais. O vídeo de cores vívidas e intensas combina perfeitamente com a faixa *funky* e dançante, que é um verdadeiro presente para os fãs de J-Hope, apresentando todas as suas facetas: o sonolento Hobi, o rapper e o cantor elegante. A faixa seguinte, "Airplane", acompanhada de um MV que mostra um J-Hope mais reflexivo, tem uma vibração muito mais suave enquanto ele reflete sobre como sua vida deu certo. Ele respondeu certa vez à revista *Time*: "Eu viajava de avião quando escrevi esses versos, nada menos do que na primeira classe, e me dei conta de que estava vivendo a vida gloriosa com que apenas sonhara quando era jovem e com que, de alguma forma, me acostumara. Mas antes e agora, sou a mesma pessoa, o mesmo J-Hope."

A mixtape é 100% J-Hope, e você pode sentir seu calor e sua personalidade em todas as faixas. Ao longo das músicas, percebemos um cara que encontrou prazer no momento, mas que também é sensível às lutas e aos problemas dos outros. Ele nunca se distanciou do BTS, admitindo que seu sucesso é parte da conquista do grupo; e eles até participam dos acompanhamentos vocais de "Airplane".

A vibe positiva, as melodias cativantes e a profundidade lírica de *Hope World* pareceram surpreender até mesmo os maiores fãs de J-Hope. A mixtape alcançou o primeiro lugar nos charts do iTunes em mais de setenta países e chegou aos quarenta mais na Billboard 200. Enquanto isso, o vídeo "Daydream" obteve 20 milhões de visualizações no YouTube em apenas alguns dias.

Quem não se alegraria com uma vitória dessas? Aqueles que acompanharam o BTS ao longo dos anos têm visto o desenvolvimento de J-Hope como rapper, dançarino e vocalista, mas também viram o que o rapaz ofereceu ao grupo. Como amigo, ele é atencioso e carinhoso. Como integrante do BTS, traz energia, empolgação e diversão. Ele realmente é o que diz: o raio de sol do grupo, nossa esperança e nosso anjo.

11

PELO MUNDO INTEIRO

Cada show de música coreana tem uma maneira de calcular seus vencedores semanais, mas todos seguem um formato geralmente similar. Consideram os downloads digitais, visualizações de MVs, avaliações de especialistas e vendas de álbuns para selecionar os indicados, e então abrem para votos ao vivo que contribuem para o resultado. No caso do *The Show Choice*, 15% dos pontos vêm da votação ao vivo. Contra os vencedores da semana anterior EXID e a sub-unit BASTARZ, do Block B, o BTS tinha um enorme desafio; e precisavam que seus fãs reagissem. E o Army fez isso... de maneira magnífica.

"E o vencedor do 27° The Show Choice foi... BTS!!! Parabéns por vencerem seu primeiro show de música! Esperamos que continuem a ser os melhores! Parabéns ao Army também!" Esse tuíte foi enviado pelo *The Show Choice* da SBS MTV na noite de 5 de maio de 2015, confirmando o que muitos já sabiam: BTS tinha conseguido. "I Need U" garantira seu primeiro prêmio em um programa de TV.

Dois dias depois, o grupo venceu no *M Countdown*. E novamente, no dia seguinte, no *Music Bank*. Para o espanto de todos, eles tinham vencido em um total de cinco shows em oito dias, incluindo uma segunda vitória no *The Show Choice*.

Com o álbum alcançando o primeiro lugar no chart da Gaon, e o grupo se apresentando em maio no Dream 2015, o festival de K-pop no Estádio da

Copa do Mundo de Seul, que só convida os melhores artistas, eles estavam se sentindo nas nuvens. Apropriadamente, era o momento perfeito para celebrar, com sua segunda *festa* (as comemorações de aniversário do *debut* do grupo — fique ligado!) marcada para junho. Desta vez, com o Army três vezes maior do que no ano anterior, os meninos embarcaram em uma sessão de duas semanas dedicadas aos fãs.

BANGTAN BOMB

Após o primeiro lugar no M!Countdown T-T

Só para o caso de não ter ficado claro o que significou para eles alcançar aquele primeiro lugar, você pode conferir aqui a reação dos garotos após a segunda vitória. Com os lábios manchados de vermelho, após terem cumprido a promessa de usar batom se vencessem, eles pulam e se abraçam, parecendo não acreditar, enquanto Jimin encontra um canto quieto para chorar um pouco. Lindo.

A *festa* começou com uma fabulosa nova faixa no YouTube, “Hug Me”, uma balada cover sensível cantada por V, com um rap de J-Hope. Mais uma vez, todos se reuniram para conversar durante uma transmissão de rádio de uma hora, que incluiu uma versão hilariante de “I Need U”, em que a *rap line* e a *vocal line* trocaram de papel, e um segmento em que falavam de suas ambições para o ano seguinte. Enquanto Jimin queria que se apresentassem em um estádio ainda maior, V sonhava com uma viagem de bicicleta juntos, RM sugeria férias em grupo, e Jungkook queria que todos aprendessem Wing Chun Gyeon, uma arte marcial chinesa.

Como parte da comemoração, os meninos postaram uma série de “fotos de família” no Facebook. Em algumas, posavam com ternos iguais, parecendo deliberadamente sem jeito e exibindo sorrisos forçados, enquanto outras mostravam J-Hope, Jimin, Jin e Jungkook, atrás uns dos outros, em uma típica pose idiota de "irmãos". E os presentes não paravam por aí. Dois novos ensaios especiais de dança foram publicados no YouTube. O primeiro foi de "War of Hormones" (veja a Bangtan bomb seguinte) e o segundo, uma versão de "Blanket Kick" em que os meninos se divertem fazendo carinhas tímidas e fofas.

Em junho de 2015, enquanto o Army ainda se recuperava da *festa*, os rapazes lançavam o single "Dope" e um MV para acompanhá-lo. Em agosto de 2017, este se tornaria o primeiro vídeo do BTS a passar das 200 milhões de visualizações. É um vídeo vintage, belamente filmado em plano-sequência. Os garotos estão ótimos com suas fantasias: RM é um concierge; J-Hope é um piloto de carros de corrida; Jungkook é um policial; Suga (agora com cabelo loiro) é um oficial da Marinha; V é Conan Edogawa, do mangá *Detective Conan*; Jin é um médico; e Jimin (com o cabelo pintado de uma cor que J-Hope chamou de "sorvete de morango") é um homem de negócios. E a coreografia é fenomenal. Essa foi a primeira vez em que trabalharam com o lendário coreógrafo Keone Madrid. É sua coreografia mais intensa, vigorosa e sincronizada até o momento.

Enquanto promoviam o single, os rapazes usaram os mais variados figurinos: J-Hope apareceu como jogador de tênis; Jin, como piloto de aeronave; Jungkook, como engenheiro; Suga, como agente secreto; ou ainda todos eles com uniforme militar. Era como se dissessem: "Podemos ser tudo que quisermos." Além de o vídeo obter cada vez mais visualizações, outra coisa também aconteceu: a música alcançou o terceiro lugar nos Billboard World Charts. Era o single de melhor desempenho do BTS nesta categoria.

Os Estados Unidos não eram o único país de língua inglesa onde o Army crescia rapidamente. Em meados de julho, o BTS levou seu show Red Bullet para a Austrália. Os ingressos em Sydney e Melbourne se esgotaram em questão de minutos. Na Austrália, os meninos do BTS pareciam bastante descontraídos. No programa musical australiano *SBS Pop Asia*, disseram quais eram seus animais australianos favoritos, imitaram uns aos outros (além de RM fazer uma ótima imitação de Marge Simpson) e até experimentaram um dos alimentos preferidos do país, Vegemite. Jin pareceu gostar, mas a pasta conseguiu fazer o impossível: pela primeira vez, J-Hope não estava sorrindo!

Longas filas se formaram bem cedo em cada dia de show na Austrália. Mas valia a pena a espera. O vídeo inicial do show— uma chamada em sala de aula em que todos os integrantes do grupo estão atrasados — produzia uma agitação febril e gritos cada vez mais altos. *Fan chants* e bastões luminosos saudavam a entrada dos meninos no palco. Em um *medley* de tirar o fôlego, eles abriam o show com "N.O", "We Are Bulletproof Pt. 2", "We On" e "Hip-hop Lover", antes de desacelerar o ritmo com "Let Me Know" e "Rain".

BANGTAN BOMB

호르몬전쟁 Coreografia (Versão Real War)

Mais de 20 milhões de visualizações não mentem. Este presente de segunda festa é um dos preferidos do Army. É a coreografia de "War of Hormone", mas não como a conhecemos, e sim a versão enlouquecida dos garotos, a qual se referem como "Real War" (verdadeira guerra), em que eles se divertem ao máximo. Não importa qual seja seu bias, todos eles têm seus momentos aqui – mas é difícil ignorar V, que se diverte muito além da conta!

Embora quase completamente abafadas pelo público, as músicas e as coreografias foram executadas com perfeição. As apresentações foram pontuadas pelas tentativas de falar inglês de vários dos integrantes. Com o decorrer do show, os fãs tiveram várias surpresas. Os meninos apresentaram uma seção de karaokê para os fãs cantarem junto "Miss Right" e "I Like It", e tiraram no pedra, papel e tesoura quem teria que fazer a dança fofa para o clássico do K-pop "The Gwiyomi Song". O show encerrava com "I Need U" e "Boy in Luv", mas os fãs australianos não queriam deixá-los ir embora.

O bis começava com outro vídeo, desta vez dos Bangtan Boys trabalhando duro no período anterior ao *debut*, e então apresentavam "Dope" ao vivo pela primeira vez, antes de terminar com as apresentações vibrantes de "Boyz with Fun" e "Rise of Bangtan". Em Sydney, os garotos deixaram o palco um a um — Jimin ficando por último, até outro membro da banda vir arrastá-lo para fora. O público e a banda estavam igualmente eufóricos e esgotados.

E então o Red Bullet decolou. O BTS iria voltar aos Estados Unidos. O que significava hambúrgueres, cachorros-quentes, donuts e comida coreana tão boa quanto a de casa. Ah, o Army norte-americano estava impaciente para ver seus heróis. Como prova disso, os 12.500 ingressos para o show foram vendidos em minutos.

Como o Army conseguiu parar a Times Square com um flash mob incrível de dança, o grupo voou para Nova York pela primeira vez para se apresentar no Best Buy Theater, em 16 de julho de 2015. Os meninos tiveram a recepção acalorada de sempre, e os fãs seguravam uma faixa em que se lia "Just One Day with BTS" em coreano, o que fez os meninos sorrirem. No entanto, a noite não transcorreu sem controvérsias. Após voltar para o bis, o grupo apresentou apenas mais uma música e saiu de repente. Pior ainda, também cancelaram o evento que aconteceria depois. Aparentemente, foram medidas de segurança após algumas ameaças feitas ao grupo nas mídias sociais. Embora provassem ser infundadas, os empresários do grupo preferiram não arriscar.

O Army conseguiu parar a Times Square com um flash mob.

No entanto, o show impressionou os fãs e os críticos. Segundo a *Billboard*, o BTS, ao contrário de outros grupos de K-pop, não ficara preso às danças sincronizadas, e apostara no freestyle a partir da terceira música. Jeff

Benjamin, o especialista em K-pop da publicação, observou como isso deixara o show natural, casual e divertido.

A turnê seguiu para Dallas, em 18 de julho, e Chicago, no dia 24, antes de os garotos voltarem para Los Angeles no dia 26 de julho para uma apresentação no Club Nokia, com espaço para 2.300 pessoas. Lá, Suga disse à multidão que LA era seu "segundo lar", e os garotos trouxeram a casa abaixo mais uma vez. Tony, mentor do grupo no *American Hustle Life*, assistiu ao show e esperou para falar com os meninos. O artista comemorou o encontro postando uma foto com a banda no Instagram e no Twitter com a seguinte frase: "Grande show, os rapazes arrasaram esta noite no Club Nokia."

Como todo o público da turnê Red Bullet, os fãs em Los Angeles estavam eufóricos e radiantes, mas algo havia mudado. Um ano antes, quando se apresentaram em seu show "secreto" do *American Hustle Life* e na KCON, a plateia era formada em sua maioria por americanos de descendência coreana. Em 2015, apesar de ainda haver um grande número deles, o público era etnicamente diversificado e havia até mesmo rapazes e pessoas mais velhas! O BTS estava se tornando mainstream.

Na América Central e do Sul, o K-pop já havia conquistado os corações. O que fez com que a *hallyu*, a "onda coreana", se estabelecesse nesses lugares tem sido objeto de muito debate. É claro que, como em outras regiões do mundo, os fãs da América do Sul podiam assistir aos shows e ouvir as músicas online, mas agora estavam muito felizes em receber o grupo ao vivo.

Do final de julho até início de agosto, os meninos fizeram shows no México, Chile e Brasil, nos maiores locais em que haviam se apresentado fora do Japão. Os fãs compareceram em massa, não só os daqueles países, mas também os das nações vizinhas, como Argentina, Peru e Colômbia. Esse entusiasmo certamente impressionou os garotos. Jungkook escolheu o concerto em São Paulo como um dos destaques da turnê, enquanto RM falou que o Army brasileiro e o chileno eram os fãs mais ardorosos do BTS no mundo.

Mas uma hora chegara o momento de voltar para casa. A turnê Red Bullet estava quase no fim, faltando apenas os shows da Tailândia e de Hong Kong. Em onze meses, o BTS se apresentara para plateias lotadas em quatorze países diferentes nos cinco continentes. Nada os deteria agora.

JIMIN

FICHA TÉCNICA

Nome: Park Jimin
Apelidos: Jimin, Jiminie, Pequeno Príncipe, Chim Chim, Dooly, Mochi, *Manggae*, Ddochi
Data de nascimento: 13 de outubro de 1995.
Local de nascimento: Busan, Coreia do Sul
Altura: 1,73 metro
Educação: Heodang Elementary School, Yoonsan Middle School, Busan High School of Arts, Korean Arts High School, Global Cyber University
Horóscopo chinês: Porco
Signo: Libra

12

PARK JIMIN: HE'S GOT JAMS!

Park Jimin foi a última peça do quebra-cabeça do BTS. Com um talento eletrizante para a dança, uma voz potente e um rosto angelical, ele entrou para o grupo apenas alguns meses antes de a formação do BTS ser confirmada. Ainda assim, havia algumas pessoas na Big Hit que não achavam que essa peça do quebra-cabeça se encaixava. No showcase *Love Yourself: Her*, ele revelou que, em seu curto tempo como *trainee*, foi expulso da equipe oito vezes (V calcula que tenha sido mais para quinze vezes!). Suga parece acreditar que ele foi quase deixado de fora na véspera do *debut*.

Tente imaginar um BTS sem Jimin. Não só os seus vocais agora são vistos como um ingrediente essencial às músicas do BTS, como sua dança merece destaque nas apresentações em vídeo e no palco. Além disso, ele é um dos membros mais divertidos e brincalhões. Está sempre fazendo postagens nas mídias sociais do BTS, atualizando o Army com mensagens, fotos e vídeos e, embora RM possa ter sugerido que Jimin não é divertido quando disse a famosa frase "Jimin's 'got no jams", todos os Armys sabem que, na verdade, Jimin tem *jams* de sobra.

Jimin descreve sua infância na cidade portuária de Busan como feliz. Passava a vida se divertindo com o irmão, que é apenas alguns anos mais novo, brincando e assistindo a filmes. Ele parece um menino falando ao lembrar que queria ser chef, pirata ou piloto do trem espacial *Galaxy Express 999*. E era o mesmo menino alegre e descontraído na escola, estudando e se dando bem com todos os colegas.

Ele explica que se apaixonou pela dança no início da adolescência, quando estava na segunda metade do ensino fundamental. Inspirado pelo astro pop coreano Rain, decidiu se tornar um ídolo. A partir daí, passava cada vez mais tempo na academia de dança depois da aula e, quando teve que escolher uma escola para fazer o ensino médio, já tinha se decidido. Ele iria para a Busan High School of Arts se graduar em dança moderna. Então, na primavera de 2012, a conselho de seu professor de dança do fundamental, fez um teste para a Big Hit.

"Foi a minha primeira audição, então minhas mãos tremiam."

Em uma entrevista para a revista *Cuvism*, em 2013, Jimin conta: "Foi minha primeira audição, então minhas mãos tremiam muito quando abri a porta. Como comecei a dançar muito novo, a parte da dança fiz com confiança. Mas minha voz tremeu muito enquanto eu cantava. Cantei 'I Have a Lover'." RM já o provocou por causa disso, porque essa era a música mais popular de karaokê entre os garotos de colégio na época, mas Jimin alegou que ainda não havia aprendido a cantar e simplesmente não fazia ideia do que escolher.

Em maio daquele ano, Jimin estava a caminho de Seul para se tornar um *trainee*. Ele se lembra de que J-Hope foi a primeira pessoa que conheceu e que foi recebido no dormitório com as seguintes palavras: "Vamos trabalhar duro juntos!" E logo descobriria o que era trabalhar duro. Ao entrar para a Big Hit, Jimin passou a estudar em Seul, na mesma escola que V, e os dois saíam juntos de manhã para a aula, usando uniforme (Jimin usou o uniforme de verdade de V no vídeo de "Graduation Song"). Embora estivessem em turmas diferentes, V ajudou o tímido novo amigo, enturmando-o com seus colegas de classe.

Suga se lembra de que a primeira impressão que teve de Jimin foi que ele devia ser um excelente cantor ou dançarino, porque ele usava óculos de armação grossa e estava ligeiramente acima do peso. Logo, não podia ser um visual. Mas em pouco tempo Suga veria outra faceta do rapaz que, na época, tinha 16 anos: determinação. Jimin encarava um dia inteiro na escola, ensaiava até três ou quatro horas da manhã e depois dormia umas poucas horas antes de levantar para as aulas de canto por uma hora e sair para a escola de novo.

Por mais difícil que fosse, Jimin valorizava seu tempo como *trainee*. Aqueles à sua volta logo notaram seu perfeccionismo e o quanto ansiava melhorar. Ele também gostava de passar o tempo e comer com os outros *trainees*. Jimin diz que ainda carrega um bilhete de parque de diversões na carteira como lembrança de um dos primeiros passeios deles juntos.

Aqueles à sua volta logo notaram seu perfeccionismo e o quanto ansiava melhorar.

Quando surgiram dúvidas a respeito dele antes do *debut*, foram os outros integrantes que pediram para manter Jimin no grupo. Jimin já confessou que, nos dias mais difíceis, foi a confiança que depositavam nele que o levou a se empenhar mais e acreditar em si mesmo. Teve até mesmo coragem, com o apoio dos outros meninos, de recusar os nomes artísticos que a Big Hit sugeriu, como Baby J e Young Kid. Ele esperava encontrar algo melhor, então acabou optando por usar o próprio nome.

Quando o dia do *debut* chegou, Jimin teve o papel principal na coreografia, correndo pelas costas dos outros em um dos passos. Era muito emocionante, mas também um pouco estressante para ele que não queria chutar os amigos com força. Outro destaque dessa apresentação foi a exibição rápida de seu abdômen de tanquinho. No início, o naturalmente tímido Jimin se sentiu envergonhado em mostrar o torso sarado no palco. Por outro lado, ele gostava de agradar seu público. Logo na primeira *festa*, J-Hope revelou que, quando Jimin viu a reação dos fãs quando mostrou o abdômen, sua timidez desapareceu rapidamente! Quando decidiram que ele rasgaria a camisa durante a apresentação do grupo no MAMAs 2014, Jimin se sentiu mais uma vez determinado e começou a se

Quando Jimin viu a reação dos fãs quando mostrou o abdômen, sua timidez desapareceu rapidamente!

exercitar ainda mais, indo à academia antes de dormir mesmo enquanto faziam turnê pela Ásia.

A aparência de Jimin foi a que mais mudou durante esses cinco anos de ascensão do BTS ao estrelato. Antes ele era um garoto bochechudo, apelidado de Ddochi por seus amigos do colégio em razão da avestruz que inflava as bochechas no desenho animado *Dooly, the Little Dinosaur*, e de *manggae* (bolo macio de arroz) pelo Army, que adorava seu rosto fofo. O Jimin que vemos no vídeo de "Blood, Sweat & Tears", entretanto, parece bem diferente. Após uma intensa dieta, ele havia perdido as feições fofinhas. Jimin é um cara que se preocupa com a aparência... e não é o único.

Sejam seus lábios macios e grossos que formam o biquinho e o sorriso perfeitos, seus olhos grandes que ficam tão bem esfumaçados e com delineador, ou seu cabelo fofo que provocou muitos suspiros quando o pintou de rosa-claro, Jimin tem o que é preciso para empolgar uma plateia. E também sabe como mexer com as fãs de cima do palco. Tony Jones, seu mentor em *American Hustle Life* e o primeiro a chamá-lo de Chim Chim, acertou em cheio em uma entrevista que deu para o site MoonROK: "Quando está se apresentando e piscando, ele sabe exatamente o que fazer para agradar. Sua atitude é tão positiva. Eu diria encantadora... e ele sabe dar às fãs exatamente o que querem." Basta assistir a alguns vídeos em que ele deixa a camisa cair do ombro durante as apresentações, e vai entender como Jimin sempre tem o público na palma da mão.

Além disso, também ajuda o fato de Jimin ser um incrível dançarino. Ele começou a aprender *street dance* ao entrar para a Big Hit, mas talvez seja seu background de dança contemporânea que confere elegância ao estilo de hip-hop do BTS. Assista a sua dança de olhos vendados em "Boy Meets Evil" no MAMA 2016, seu incrível solo para "Butterfly" ou seus movimentos de balé ao lado de Mina e Momo, do Twice, no especial de fim de ano da SBS Gayo Daejun em 2016. Para um menino tão tímido, Jimin realmente se empolga quando se apresenta. Até mesmo a ponto de os outros brincarem que ele parece sempre roubar a cena nos shows ao vivo!

Mas Jimin definitivamente tem um pouco de insegurança. Durante a divulgação de *Wings*, explicou que as notas agudas de "Lie" tornavam a música difícil de cantar e avisou aos fãs que nunca conseguiria apresentá-la ao vivo. Mas é claro que ele conseguiu... e de maneira sublime. Da mesma maneira, durante sua viagem ao Havaí para o *Bon Voyage*, quando os meninos olharam para as estrelas e fizeram um pedido, Jimin desejou saber cantar. Jungkook imediatamente contestou esse pedido, dizendo que ele já cantava muito bem. Logo depois, Jin ressaltou que a voz dele era perfeita. Afinal, Jimin é o cara que cantou "Serenpidity", que fez um dueto maravilhoso com Jungkook para "We Don't Talk Anymore" e que embeleza tantas faixas do BTS com seus tons suaves.

BANGTAN BOMB

Curta especial de "Wings" — Lie (Dança solo de Jimin)

Este vídeo mostra Jimin dançando "Lie", a faixa que ajudou a escrever para o álbum Wings. É uma filmagem simples em que vemos perfeitamente suas habilidades de dança enquanto ele se move com elegância, paixão e excelência técnica. Também é um vídeo bastante emocional em que ele se esforça tanto que precisa se deitar no fim. A julgar pelos comentários, ele não foi o único!

A obsessão de Jimin por *selcas* (selfies) garante ao Army uma grande variedade de magníficas fotos. Recentemente, seu amor por *selcas* fez com que desenvolvesse um interesse por fotos instantâneas Polaroid. Ele até mesmo afirmou que sua coleção de fotos Polaroid (ele as organiza em álbuns com legendas) é sua diversão número um em sua lista de coisas felizes.

O Army tem sua própria lista de momentos preferidos com Jimin, muitos deles gifs do cantor com carinhas superfofas, sorrindo, tímido, mexendo no cabelo ou exibindo seu sorriso travesso. Esses posts no Tumblr recebem vários comentários. Não é de admirar que Jimin seja conhecido como "a fada recrutadora do grupo", por atrair tantos novos fãs.

O papel assumido de Jimin como o rei das mídias sociais do BTS o levou a criar um ótimo relacionamento com o Army. Em 2017, quando falou abertamente sobre sua dieta rigorosa, que o levara até a desmaiar nos ensaios, o Army garantiu que #JiminYouArePerfect [#Jiminvoceeperfeito] estivesse por todo o Twitter. Então, em janeiro de 2018, os fãs fizeram a mensagem aleatória #ThankYouJimin chegar aos *trendings topics* por todo o mundo no Twitter. Isso pegou Jimin de surpresa, fazendo-o comentar: "O que é isso? haha Entrei porque queria publicar uma coisa e vi isso."

Entre os vídeos preferidos dos fãs de Jimin, estão o episódio de "Eat Jin" de abril de 2017, em que ele canta "Butterfly" enquanto Jin toca guitarra; o episódio do kart de *Run BTS!*, em que sua punição por chegar em último inclui dançar "Blood, Sweat & Tears" enquanto é molhado e depois limpar o chão; quando ele brinca com Brandley, o gato, no pacote de verão de 2017; e o momento do *American Hustle Life* em que ele se inclina para a câmera e diz "Excuse me", com o mais adorável sotaque (há um vídeo do YouTube que repete esses cinco segundos de imagem por cinco minutos!). Como Jimin disse no *After Show Club*, na Coreia: "O inglês não é uma barreira quando se é tão fofo quanto eu!"

"O inglês não é uma barreira quando se é tão fofo quanto eu!"

Quem não amaria um rapaz brincalhão assim? Certamente não os outros integrantes do BTS, embora adorem provocá-lo. Jimin até declarou que "ser provocado" era sua especialidade no grupo. Os garotos sempre o lembram de que é o menor do grupo (embora, na verdade, Suga seja quase da mesma altura), de que tem mãos pequenas (são bem pequenas mesmo...) e de que vive passando as mãos pelo cabelo. Mas a quem todos procuram quando estão estressados? Jimin sabe ouvir os problemas dos outros e parece ser um dos elementos-chave que tornam o BTS tão forte.

Jungkook geralmente é quem mais o provoca. Isso pode ser estranho, considerando que ele é o *maknae* do grupo, mas talvez ele consiga se safar porque Jimin ama Jungkook como um irmão mais novo. Não que Jimin não revide. Ele adora acusar Jungkook de copiá-lo: nascer na mesma cidade, usar os mesmos brincos e a mesma cor de lentes de contato. São vistos frequentemente brincando um com o outro e, em novembro de 2017 viajaram juntos para o Japão. É possível encontrar a gravação dessas férias no YouTube, filmada e editada por Jungkook (então quase sempre quem aparece é Jimin!), com o título de *G.C.F in Tokyo*.

Se Jungkook é seu irmão mais novo, então V é o irmão gêmeo de Jimin. Os dois nasceram em 1995, cursaram o ensino médio juntos, formaram-se juntos (confira a música "95 Graduation" que gravaram, já que não puderam ir à cerimônia) e continuaram sendo melhores amigos mesmo quando o BTS alcançou seu sucesso estratosférico. São sempre vistos nas Bangtan bombs, dançando, provocando os outros garotos e brincando de brigar. Trocam tuítes emocionantes, cuidam um do outro quando caem no palco, e V até mesmo comprou um casaco Gucci de mil dólares para Jimin em seu aniversário. Seus shows "Mandaggo" no V-Live, sobre as divertidas diferenças regionais entre os dialetos de Busan (Jimin) e de Daegu (V), mostram o quanto se sentem confortáveis na companhia um do outro.

No final da segunda série *Bon Voyage*, V lê sua carta para Jimin, lembrando que estudaram juntos e são amigos desde então. E diz ainda: "Quando estou chorando no banheiro, você chora comigo. Também já veio me ver de madrugada para rir comigo. Você se importa comigo e pensa em mim. Dedica-se a mim e me entende." E então ele chora.

Dos dias de *trainee* para cá, Jimin passou de um menino fofo para um homem bonito. Ele cresceu de muitas maneiras. Ainda assim, mantém seu jeito jovem de se divertir e fazer bobeira. E, assim como provou ser um grande dançarino e cantor, também mostrou ser um amigo carinhoso e dedicado ao grupo e aos fãs. Ele é, de fato, uma peça vital para o quebra-cabeça do BTS.

Ele é um amigo carinhoso e dedicado ao grupo e aos fãs.

Como o Army gosta de ressaltar: "Once you Jimin, you can't Jimout!" [Uma vez que se torne fã de Jimin, você nunca mais deixa de ser!].

13

RUN

Os meninos do BTS agora podiam se considerar não apenas ídolos, mas astros internacionais. Alguns fãs coreanos podem ter se preocupado que o sucesso fosse mudá-los. Afinal, o grupo escrevia músicas que falavam de suas próprias experiências como jovens e construíra uma relação com o Army através de franqueza e comunicação. Isso sofreria alguma mudança à medida que se tornavam mais e mais populares e sua base de fãs expandia exponencialmente?

Lógico que não. Uma das primeiras coisas que fizeram ao voltarem para Seul foi levar um grupo de fãs ao cinema. Você já ouviu falar de um grupo que tivesse feito isso antes? Além do mais, isso mostrava o BTS cumprindo uma promessa feita antes mesmo do lançamento de "I Need U". Na época, tinham prometido que, se ganhassem um show de música, levariam alguns fãs ao cinema (ideia de V). Estavam sendo fiéis à sua palavra.

A escolha do filme foi fácil. Depois de receber boas críticas por sua mixtape solo e a colaboração com Warren G em "P.D.D", RM foi convidado pela Marvel para participar da trilha sonora do filme *Quarteto Fantástico*. O resultado foi "Fantastic", com participação de Mandy Ventrice, uma cantora americana que trabalhara com Snoop Dogg, Jay-Z e Kanye West. Então, junto a duzentos fãs, que provavelmente estavam mais interessados nos ocupantes da primeira fila do que no filme, em 12 de agosto, os meninos assistiram a uma exibição especial no CGV Cinema em Wangsimni, Seul, para apoiar (e provocar um pouco!) seu líder.

Mas a diversão e as brincadeiras não podiam durar para sempre, e não demorou muito para que os batalhadores Bangtan estivessem de novo em um avião para o Japão. Ainda em junho, o BTS alcançara pela primeira vez o primeiro lugar com um single no Japão, com uma faixa escrita apenas em japonês chamada "For You". A música tem um ritmo lírico e suave, com uma batida lenta e inusitada de um piano e um assovio. É leve e cativante, e o MV é uma pérola! Vale a pena assistir nem que seja para ver Jungkook como um urso de pelúcia gigante!

Em contraste com a atmosfera sombria de "I Need U", a vibração aqui é calorosa e agradável. Nos trechos tranquilos de dança, os rapazes usam roupas em preto e branco, mas sem o estilo swag, e quase não se veem movimentos de hip-hop. Eles encontram conforto na companhia um do outro de novo, mas desta vez como um alívio aos seus trabalhos pesados: Suga entrega pizzas, Jin lava carros, V trabalha em uma loja de conveniência, J-Hope serve mesas, Jimin lava pratos, RM está no posto de gasolina e Jungkook distribui panfletos vestido como um ursinho de pelúcia. Ahh!

BANGTAN BOMB

Corrida de revezamento de 400 metros @ ISAC

Ausentes do Idol Star Athletics Championships em fevereiro de 2015, porque estava em turnê no Japão, o BTS voltou para a competição em agosto para defender sua posição como reis do revezamento. Com Jimin, Jungkook, V e J-Hope na equipe, eles tinham altas expectativas quando se prepararam para disputar com Seventeen, B1A4 e Teen Top. Dê uma olhada nesta Bangtan bomb para ver se eles venceram ou não seus rivais do K-pop.

Um pouco depois de encerrar a turnê Red Bullet, com uma recepção entusiasmada em Hong Kong no dia 29 de agosto, algo muito especial aconteceu: Jungkook ia se tornar um *Bangtan man*! Em 1° de setembro de

2015, ele completaria 18 anos. Assim que deu meia-noite, os outros garotos o surpreenderam com um bolo de aniversário de morango e promessas de presentes que iam desde Timberlands (J-Hope) a um beijo (Jimin), enquanto o Army levava a hashtag #HappyJungkookDay aos *trending topics* por todo o mundo no Twitter.

Pouco mais de um mês depois de deixar a América do Norte, o BTS voltou para curtas apresentações na Highlight Tour, parte da associação do grupo com a marca de *streetwear* nova-iorquina Community54. Durante o mês de setembro, os garotos estiveram em São Francisco, Houston, Atlanta e, em uma primeira viagem a Toronto, no Canadá. Embora tenham apresentado "N.O", "Boy in Luv", "Dope" e "I Need U" com a energia e o carisma habituais, tinham pouco tempo no palco para se comunicar com o público, isso aliado à fraca organização dos eventos fez com que, infelizmente, muitos fãs não tivessem uma experiência muito positiva.

Enquanto seguiam participando de festivais na Coreia por todo o outono, alguns *teasers* intrigantes focavam no *comeback* seguinte. As imagens de divulgação receberam o título de "Je ne Regrette Rien" ("Eu não me arrependo de nada", em francês), e a atmosfera era muito mais leve. Nada de caras fechadas, e algumas fotos tinham até um ar divertido. Na verdade, essas fotos-conceito eram sem dúvida as melhores até o momento. Nas fotos tiradas em um cenário rural, os meninos pareciam bem à vontade consigo mesmos; as outras, feitas em um ambiente mais industrial, traziam um look mais punk. Mesmo com RM (de cabelo cor-de-rosa) e Suga (de cabelo cor de hortelã) fazendo pose e biquinho, os sorrisos escapam.

Essas fotos-conceito eram sem dúvida as melhores até o momento.

Quer ver algo ainda mais espetacular? Pesquise "BTS on Stage: Prologue". Você deve encontrar um filme de doze minutos publicado pela Big Hit. Não se preocupe com a barreira da língua. Apenas assista e se apaixone. Lançado inesperadamente no início de outubro, o vídeo fez logo um grande sucesso com o Army, que, é claro, criou suas próprias teorias sobre o que aconteceu.

O filme começa com V todo sujo de sangue e se limpando. Seria a sequência do vídeo de "I Need U", em que V acaba agindo de forma violenta, talvez matando seu pai abusivo? Então, passando para outro cenário, vemos os garotos brincando e se divertindo em uma última viagem louca. O vídeo passa uma forte sensação de liberdade enquanto eles brincam de queda de braço e luta de espadas, mas também mostra um desamparo subjacente à música e à visão através da lente da filmadora de Jin, principalmente quando V mergulha de um píer no mar no final.

A maioria das teorias presume que seja uma história de fantasmas. A Big Hit mais tarde substituiu o filme por uma versão em que, no final dos créditos, Jin está sozinho na praia olhando para a foto que RM guardou no porta-luvas. Suga desapareceu da foto. Será que, fora V, alguns ou todos eles morreram no final do clipe? Jin está tentando capturar um tempo ou uma emoção que já passou?

Qualquer que seja a teoria, o vídeo divulgou perfeitamente o novo álbum. Os meninos estão ótimos, com roupas informais, mas trazendo energia e carisma para cada cena, a fotografia é incrível, e as amostras de quatro das faixas do novo miniálbum proporcionam uma excelente trilha sonora.

Em 29 de novembro de 2015, o 900° dia desde seu *debut*, o BTS fez o último show de uma temporada de três noites no Olympic Handball Gymnasium, em Seul. Com capacidade para 5 mil pessoas, o local era o maior em que já haviam se apresentado na capital, mas, claro, os ingressos de todas as noites se esgotaram rapidamente. Eles fizeram uso de toda a enorme área de apresentação, correndo pelo palco em forma de T e até pelos corredores. Cantaram novos arranjos de "No More Dream" e "N.O" e, menos confinados pela coreografia, apresentaram-se em linha reta, o que lhes permitiu interagir com os fãs de uma nova maneira.

Claro, os ingressos de todas as noites se esgotaram rapidamente.

Esse carinho pelo Army ficou ainda mais evidente quando estrearam suas novas músicas não em um programa de TV ou em um vídeo online, mas diante daqueles mesmos fãs. "Vocês são os primeiros no mundo a ouvir e ver essa apresentação" foi como Suga anunciou o novo single "Run". Então, para um mar de fãs devotos, com seus *chants* e bastões de luz, prosseguiram cantando, também pela primeira vez, "Never Mind", "Butterfly" e "Ma City". A julgar pela reação do público, o novo miniálbum seria um sucesso.

Na entrevista coletiva a respeito dos shows, RM falara para o jornal *Korea Herald* sobre as novas músicas: "Independente da idade, a gente sempre pode errar, mas acho que a sociedade tem julgado muito duramente esses erros." E continuou explicando: "Queríamos dizer que não há problema em cair, em se machucar. E tudo o que precisamos fazer é nos levantar e continuar." A mensagem de "nunca desista" já fora vista no trailer do álbum, que através de contornos simples e estilizados e cores fortes mostrava um menino, uma bola de basquete e um aro, uma borboleta e Suga em seu momento mais arrebatador e profundo, refletindo sobre sua juventude e dizendo com um grito primal a frase: "Se você acha que vai bater, vá mais rápido."

> **"Queríamos dizer que não havia problema em cair, em se machucar. Tudo que precisamos fazer é nos levantar e continuar."**

No dia seguinte ao show no Handball Gymnasium, foi lançado o MV de "Run", que obteve quase 2 milhões de visualizações no YouTube nas primeiras 24 horas. Uma espécie de sequência para "I Need U", "Run" era outra colagem dos meninos se divertindo, festejando, ficando emotivos e causando estragos. Da queda de V na água escura no início até Jimin sendo jogado completamente vestido em uma banheira no final, eram cinco minutos de pura ação. Os bad boys BTS estavam de volta, vandalizando carros, grafitando e brigando. Por meio dos olhares melancólicos e cheios de significado, estava de volta a mensagem sobre viver a vida, cair e se levantar de novo.

The Most Beautiful Moment in Life, Part 2 foi lançado em 30 de novembro de 2015. Mais uma vez, vinha com duas opções: pêssego ou azul. O disco incluía um encarte com belas fotos dos meninos junto à natureza e na área urbana. Com esse miniálbum, O BTS mostrou sua coragem e provou que os céticos estavam errados. Eles não só continuaram a escrever suas próprias canções de alta qualidade, quanto a sofisticação da música e das letras havia melhorado, assim como sua atenção aos menores detalhes da produção.

Mais de um crítico comentou sobre a coragem dos meninos em ultrapassar os limites de seu estilo musical e continuar produzindo faixas incríveis.

Mais de um crítico comentou sobre a coragem dos meninos em ultrapassar os limites de seu estilo musical e continuar produzindo faixas incríveis.

O rap de abertura de Suga, "Intro: Never Mind", usado como um trailer, estabelece o tema do miniálbum e passa o bastão para a faixa seguinte, "Run", que aproxima os rappers da *vocal line* novamente. Com um sutil acompanhamento instrumental, um rap mais suave e um coro enérgico, parece que o BTS estabeleceu um novo estilo que combina paixão e energia com um toque sentimental. Como o vídeo do ensaio coreográfico de "Run" já havia mostrado, a dança deles também estava amadurecendo, já que, sem a postura hip-hop, podiam usar suas habilidades de atuação e serem mais expressivos.

"Butterfly", com seu arranjo engenhoso, traz um acompanhamento feito por um sintetizador suave que permite que os vocais, principalmente os de Jungkook e V, se espalhem pela música como mel. Além disso, essa música mostra como Suga está desenvolvendo seu dom para compor, e a maneira como ele compara o amor a uma frágil e elusiva borboleta ressalta seu lado poeta.

A faixa seguinte do miniálbum usa um animal diferente para comunicar um conceito. "Whalien 52" é sobre a baleia dos 52 hertz, uma criatura que se comunica a uma frequência única que as outras baleias não podem ouvir e foi descrita como a baleia mais solitária do mundo. A melodia é alegre e hipnótica e, embora a metáfora não seja tão sutil quanto a de "Butterfly", os meninos a transformam em uma exploração empática de se sentir sozinho, que é igualmente eficaz.

Em seguida, todos a bordo do trem para "Ma City". Uma das músicas preferidas das apresentações ao vivo, é uma viagem expressa com uma batida propulsora e uma sensação retrô, quase de discoteca. Com os membros do grupo elogiando suas cidades de origem (e Suga admitindo se gabar de Daegu em cada álbum), a música é um lembrete de que, ao contrário da maioria dos grupos de K-pop, o BTS é livre para usar seus dialetos e os meninos não têm vergonha de onde vieram.

Não ignore a faixa seguinte, "뱁새", só porque não tem tradução direta para o inglês. É chamada às vezes de "Silver Spoon", mas também de "Try Hard" ou "Baepsae", que se traduz como "Crow-Tit", um pequeno pássaro coreano. De acordo com um ditado coreano, se um *crow-tit* caminha como uma cegonha de pernas compridas, vai comprometer suas pernas. O BTS retrata sua geração como *crow-tits*, já que se espera que a nova geração viva como seus pais, embora as expectativas tenham mudado. Com uma batida do sudeste asiático, é uma das músicas mais coléricas do BTS, em que RM vocifera como sua geração tem sofrido graças àqueles que vieram antes.

O *skit* é um bate-papo descontraído em que o grupo fala sobre como chegaram longe, antes de iniciar as duas faixas finais, que alguns dizem serem as melhores do álbum. "Autumn Leaves" (às vezes chamada de "Dead Leaves" ou "Fallen Leaves") nos traz outra metáfora: a mudança de estação e as folhas que ainda se prendem aos galhos espelham um amor que esfria e ao qual se tenta prender desesperadamente. Com uma distribuição equilibrada dos versos, a música destaca os talentos vocais de cada um dos integrantes.

Os altos padrões de produção são mantidos até uma canção intitulada "House of Cards", que compara um caso de amor a uma frágil torre feita de cartas de baralho. Com um belíssimo acompanhamento de cordas, as vozes se substituem na mais suave das transições, e podemos identificar o falsete de V, os apelos de Jin, o tom rouco de Jimin e a voz sedutora e quase falhada de Jungkook.

O BTS presenteara o Army de Seul com a primeira performance ao vivo de "Run", mas o *comeback* foi bastante especial também. No MAMAs 2015, no início de dezembro, embora o grande prêmio *daesang* tivesse escapado de suas mãos novamente (BIGBANG e EXO tiveram a honra), o BTS ganhou um prêmio especial de melhores intérpretes mundiais — um dos primeiros sinais de que, com sua popularidade global, poderiam eclipsar outros grupos.

Para aqueles que gostaram da participação do Block B no ano anterior, dessa vez eles contaram com a presença do GOT7. A apresentação de "Virtual Boys" começou com uma batalha de rap entre RM e Jackson, do GOT7. Em seguida, uma disputa de dança entre J-Hope e Yugyeom, antes de os dois grupos – os meninos do BTS de branco e os do GOT7 de preto

— se unirem em uma performance incrivelmente sincronizada. O vídeo que mostra os dois grupos dominando o palco do MAMA ainda é um dos preferidos do Army, talvez porque, de todos os grupos de K-pop, o GOT7 pareça ser o mais próximo do BTS. MAMA estava se tornando um evento muito especial para os meninos.

Uma vez que conseguiram persuadir J-Hope a dizer que o single seria um fracasso, realmente não havia dúvida de que seria um sucesso. Enquanto estavam no Japão, o vídeo garantiu vitórias nos programas de música *Show Champion* e *The Show Choice*. E eles voltaram a tempo de se apresentar no *Music Bank* e ver sua faixa ganhar de novo, apesar da competição acirrada com Psy. Três vitórias em uma semana! E pensar que, há apenas um ano, estavam desesperados para conseguir apenas uma. Os garotos tinham chegado longe.

BANGTAN BOMB

Versão natalina de "Run"

Suga com um gorro de Papai Noel... Jimin, com chifres... Jin com protetores de ouvido rosa... Esse não é o vídeo de "Run" que nós conhecemos. Não há nenhum enredo enigmático, nenhuma maquiagem pesada, nenhuma coreografia sensacional. Em vez disso, há muitas risadas e temos a chance de ver Jungkook dormindo docemente. Ah, Suga definitivamente não está correndo. Se você está precisando de um pouco de alegria natalina, este vídeo é para você.

"Run" chegou ao oitavo lugar nos charts de singles coreanos, enquanto *The Most Beautiful Moment in Life, Part 2* se igualou a *Part 1*, alcançando o topo do charts de álbuns. No entanto, o mais notável foi a sensação que causaram nos Estados Unidos. Lá, o miniálbum chegou ao topo dos charts da Billboard Heatseekers e World Albums durante quatro semanas, um recorde para um grupo sul-coreano. E não parou por aí! Quando a Billboard

200 saiu, uma semana antes do Natal, o BTS estava em 171° lugar! Apesar de dez grupos de K-pop já terem igualado essa posição, o BTS foi o primeiro a conseguir isso sem fazer parte de uma das Big Three.

BANGTAN BOMB

A pose quando o BTS dorme

Se você já assistiu a alguma entrevista do BTS, deve saber que a coisa favorita deles (depois do Army, obviamente) é dormir. Então, essa é uma Bangtan bomb do tempo que eles passaram no Chile e que fala sobre dormir, ou tentar dormir, acordar, ou andar sobre as mãos (J-Hope anda muito bem sobre as mãos!). Enfim, Jimin comanda a câmera, e podemos ver bobeiras supercharmosas de J-Hope, Jungkook e Suga.

No Japão, após "For You" ter sido o hit número 1 de junho de 2015, o BTS lançou uma versão em japonês de "I Need U", que alcançou o segundo lugar em dezembro. Naquele mês, 25 mil fãs compareceram a dois shows lotados em Yokohama, a segunda maior cidade do Japão. Enquanto isso, nos Estados Unidos, *The Most Beautiful Moment in Life, Part 2* ficou por dezesseis semanas no World Albums Chart da Billboard. E o BTS estava se popularizando até na Europa, conquistando o prêmio de Melhor Grupo Coreano no MTV Europe Music Awards de 2015.

Em casa, uma vitória no *Music Bank* no final da divulgação, em 8 de janeiro de 2016, marcou o quinto triunfo do *comeback* e o décimo até o momento. Com o final da temporada de premiações, o período natalino também se mostrou frutífero com a conquista de *bonsangs* no Golden Disc Awards e no Seoul Music Awards. O *daesang* pelo qual tanto ansiavam estava tentadoramente perto.

V

FICHA TÉCNICA

Nome: Kim Taehyung
Apelidos: V, Taetae, Gucci Humano, Vante
Data de nascimento: 30 de dezembro de 1995
Local de nascimento: Daegu, Coreia do Sul
Altura: 1,79 metro
Educação: Changnam Elementary School, Geochang Middle School, Daegu First High School, Korean Arts High School, Global Cyber University
Horóscopo chinês: Porco
Signo: Capricórnio

14

KIM TAEHYUNG/V: PRÍNCIPE DA DUALIDADE

Ambos são incrivelmente bonitos, elegantes e adoram cantar. Mas a semelhança entre Kim Taehyung e V, cantor e dançarino do BTS, termina por aí. Sim, eles podem ser o mesmo garoto nascido em Daegu, em 1995, mas a personalidade de Taehyung muda radicalmente quando sobe no palco. Assista a qualquer apresentação do BTS e verá V sendo descolado, sofisticado e profissional. Assista a uma Bangtan bomb ou um vídeo dos bastidores e descobrirá o adoravelmente pateta Taetae brincando ou perdido em um mundo só seu.

Em novembro de 2016, durante o bis de um show do BTS no Gocheok Sky Dome na Coreia, V chegou à frente do palco para se dirigir aos seus 17 mil fãs. Em um discurso emocionante, explicou que, quando o grupo estava nas Filipinas, fazia pouco tempo, ele recebera a notícia de que sua avó tinha morrido. Fãs e colegas choraram com V quando ele falou de seu amor por ela e contou que tinha planejado lhe enviar uma mensagem especial quando o grupo aparecesse na televisão, mas que nunca mais teria essa chance.

Taehyung era particularmente próximo de sua avó paterna. Ela o criara por quatorze anos enquanto seus pais, agricultores coreanos tradicionais, trabalhavam. Quando garoto, ele adorava brincar fora de casa, mas também

Quando foi para a segunda metade do ensino fundamental, ainda um pré-adolescente, começou a sonhar. Queria ser cantor.

se dedicava aos estudos. Então, quando foi para a segunda metade do ensino fundamental, ainda não exatamente um adolescente, começou a sonhar. Queria ser cantor.

Taehyung seguiu o conselho do pai para aprender um instrumento musical e estudou saxofone. E se tornou um músico competente, chegando a ganhar o primeiro prêmio numa competição regional. Porém, já pensando em se tornar um *idol*, logo desistiu do sax para passar mais tempo se dedicando à dança.

Em 2011, alguns meses após começar o ensino médio, sua vida mudou... drasticamente. Quando a Big Hit promoveu audições em Daegu, Taehyung não tinha intenção de tentar, mas acompanhou um amigo. Lá, o belo rapaz chamou a atenção de uma das funcionárias da empresa, que o encorajou a fazer um teste. Taehyung respondeu que não poderia, pois não tinha a autorização dos pais.

Sentindo que o garoto tinha algo de especial, ela ligou para os pais dele e conseguiu a permissão. Minutos depois, Taehyung estava no palco, dançando, fazendo rap e até contando piadas. Ele não acreditava que tinha chance, mas a Big Hit o contactou avisando que ele havia passado. Aliás, tinha sido o único daquela audição que conseguira.

Então Taehyung se mudou para o dormitório da Big Hit e, vestindo o casaco vermelho acolchoado que sua mãe mandou para que se destacasse, matriculou-se em uma escola de ensino médio em Seul (para onde Jimin também foi). Os dias como *trainee* não parecem ter sido tão difíceis para Taehyung quanto para os outros. Ele gostava da escola, adorava as aulas de dança e, embora admitisse a falta que sentia da família, estava se divertindo com seus novos amigos na escola e na empresa. Ele se sentia feliz vivendo no presente e encontrando seu lugar no BTS, sem pensar quando debutariam. Embora o trabalho fosse árduo e intenso, Taehyung estava realizando seu sonho.

Embora o trabalho fosse árduo e intenso, Taehyung estava realizando seu sonho.

Finalmente, o *debut* se aproximava e Taehyung escolheu um nome. Após rejeitar Six e Lex, optou por V, de vitória, mas logo teria um choque. A Big Hit decidira não revelar que ele fazia parte do BTS até pouco antes da estreia. Sua identidade seria mantida em sigilo, nenhuma foto seria divulgada e ele não poderia gravar vlogs como os outros. Ele foi às formaturas de RM e de Jungkook, suas costas apareceram na selfie de Jimin (todos presumiram que fosse Jungkook), e Jimin até mesmo pegou seu uniforme escolar (enquanto V estava dormindo!) para usar no vídeo de "Graduation Song".

O pobre V às vezes se sentava sozinho e fingia fazer um vlog. Como se isso não fosse triste o bastante, enquanto os meninos gravavam o vlog pré-*debut* do grupo, V estava num cantinho da sala para não aparecer na filmagem!

> **Se pudesse escolher um superpoder, seria o de falar com os carros**

No entanto, assim que foi revelado, V fez logo sucesso com as fãs, que gostaram do rapaz bonito que tirou os óculos durante a apresentação de "No More Dream", embora tivessem notado que, nos bastidores, ele podia ser um pouco... estranho. Às vezes falava uma língua inventada, ou exibia uma expressão vazia, acenava as mãos ou fazia comentários excêntricos como dizer que, se pudesse escolher um superpoder, seria o de falar com os carros. Mas isso tudo tinha seu charme, e os fãs do K-pop têm uma palavra para isso: 4D.

É uma tradição do K-pop descrever artistas como "4D", que é um termo lisonjeiro e significa que são diferentes e peculiares, e tem mais personalidade e carisma. Suga disse mais tarde que, a princípio, pensou que Taehyung estivesse encenando, que não podia haver pessoas assim. Entretanto, depois percebeu que seu comportamento era autêntico, e o Army começou a chamá-lo carinhosamente de "4D", "Alien" ou "Blank Tae". No verão de 2015, Taehyung deixou claro que não gostava desses nomes, e a maioria dos fãs parou respeitosamente de chamá-lo assim.

Ainda assim, ele continuou sendo o membro menos convencional do grupo e, em uma entrevista para a revista coreana *The Star*, em 2015, Taehyung comentou: "Eu não tenho medo de parecer feio e agradeço por [meus fãs] gostarem de mim mesmo quando faço caretas estranhas. Não pretendo parecer bonito de um jeito pouco natural. Isso seria falso."

Isso certamente funcionou. Taetae (um nome que parece agradá-lo) tem um ótimo relacionamento com o Army. Ele se tornou um astro dos *fan meetings* em razão da maneira única com que interage com as pessoas. Em 2017, falou para uma garota que, se ela recebesse atenção indesejada de garotos, poderia lhes dizer que estava namorando Taehyung! No entanto, seu comportamento foi seriamente criticado quando puxou o cabelo de uma menina para fazê-la olhar para ele. O debate só acalmou quando a menina escreveu uma mensagem revelando que eles eram velhos amigos e que Taehyung estava apenas brincando.

Este é o cara que saiu com a frase "I purple you" (Eu *roxo* você), explicando em um tuíte que, como a cor roxa era a última do arco-íris, isso queria dizer "eu vou te amar para sempre". E quem não o amaria? Muitos Armys claramente o adoram. Em dezembro de 2017, para comemorar seu aniversário, seu fã-clube exibiu mensagens para ele na Times Square durante uma semana inteira.

Taehyung não segue a maioria, mas sempre consegue parecer elegante, independente do que use.

A excentricidade de Taehyung também inclui seu senso de moda. Ele não segue a maioria, mas sempre consegue parecer elegante, independente do que use. Ainda na época em que eram *rookies*, ele mesmo cortava as camisas e calça jeans (Jungkook diz que foi ele quem o ensinou a fazer isso). E até pedia no Twitter sugestões de onde fazer os buracos. Desde então, desenvolveu um estilo peculiar, mas chique, misturando as mais variadas peças, incluindo qualquer combinação de óculos redondos, suéteres de gola rulê, camisas listradas de mangas compridas em estilo francês e casacos grandes. No entanto, nos últimos tempos, tigres e cobras têm sido um tema constante porque V adora a marca Gucci; não apenas as roupas, mas os óculos escuros, anéis, adornos e relógios. Não é de admirar que o homem que odeia apelidos tenha ganhado mais um: "Gucci Humano".

Como todos os integrantes, Taehyung deu ao Army muitos momentos inesquecíveis. *American Hustle Life* forneceu memes como a clássica confusão "Beach! Bitch?" com Jimin, assim como sua tentativa equivocada de impressionar Coolio com seu entusiástico "Turn Up!". Em um episódio de *Star King* que os fãs adoram (o clipe está no YouTube), V faz alguns passos incríveis de dança usando um salto de 12 centímetros. Vários vídeos mostram como Taetae fica derretido quando há crianças e bebês por perto, e o Army adora sua sincronização labial no Dubsmash.

Seus tuítes também revelam o amor de V pela arte, do quadro *A Noite Estrelada*, de Van Gogh, pendurado em sua parede do dormitório à visita que RM e ele fizeram ao Instituto de Arte de Chicago. Ele também é um grande fã do fotógrafo australiano Ante Badzim e suas fotos simples, mas bonitas, que serviram de inspiração para V tirar as próprias. O cantor publicou algumas delas com a hashtag #Vante (outro apelido!), chamando a atenção do próprio fotógrafo, que dedicou uma foto a V como retribuição.

Os outros integrantes do grupo também adoram Taetae, mesmo que Jin reclame que ele é um pouco barulhento e Suga diga que ele não o entende às vezes. O amor pelos jogos e uma abordagem despreocupada da vida o levou a fazer amizade com o grande gamer e *supermaknae* Jungkook, mas Taehyung e Jimin provavelmente tem a amizade mais próxima de todo o grupo. E a carta sincera de V ao amigo no barco do *Bon Voyage* mostrou como Taetae é grato pelo carinho de seu colega nascido no mesmo ano que ele.

Essa carta foi bastante oportuna. Jimin parecia um pouco ciumento por Taehyung ter se aproximado muito de alguns de seus amigos atores e reclamou que Taetae nunca declarava o quanto gostava dos integrantes do grupo. Taehyung respondeu que era porque o BTS parecia uma família, e eles não precisava falar isso abertamente. Além disso, Taehyung é muito sociável. Tem vários amigos fora do BTS e é regularmente fotografado com celebridades e ídolos. Ele parece ser capaz de fazer amigos em qualquer lugar, como é o caso de Sungjae, do BTOB; do cantor Jang Moon Bok; e Park Kyung, do Block B, de quem se aproximou durante os intervalos para descanso.

V tem vários amigos fora do BTS e é regularmente fotografado com celebridades e ídolos.

Em dezembro de 2017, fomos apresentados ao mais recente amigo de Taetae. Jin fazia uma live pelo seu aniversário quando V apareceu na janela com o cãozinho mais fofo do mundo. Logo descobrimos que aquele era o seu novo cão, um lulu-da-pomerânia chamado Yeontan (que se traduz como "briquete de carvão"). Em razão da agenda cheia do BTS, Yeontan deixou o dormitório para ficar com os pais de Taehyung, mas eles ainda se veem regularmente. Na entrevista da *festa* de 2018, Taehyung revelou que o "Tan" o seguia, mas fugia quando ele tentava pegá-lo... e que agora era um filhote gordinho!

À medida que os Armys se familiarizaram com Taehyung, também foram conhecendo V. Muitos ficavam surpresos em ouvir aquelas notas graves e cheias de sentimento vindas de alguém tão adepto a fazer caras fofas (*aegyo*), mas o tom rico de V contrasta com o registro mais agudo dos outros vocalistas, embora ele também possa subir a escala com facilidade. Há muitos exemplos práticos de seu talento, mas suas faixas solo "Stigma" e "Singularity", sua colaboração com RM em "4 O'Clock", ou seu cover de "Someone Like You", da Adele, são magníficos.

A presença de palco de V também é incrível. Ele canta com emoção cada palavra e sabe mexer com o público quando pisca, sorri ou lambe sutilmente os lábios nos momentos certos. Sua dança é vigorosa e confiante. Além disso, é criativo. Em "Boyz with Fun", V criou um momento no show em que os outros integrantes (e às vezes os dançarinos de apoio) são obrigados a copiar sua coreografia improvisada.

BANGTAN BOMB

O sonho de V se tornou realidade. Seu "Cypher Pt. 3" solo

Quando J-Hope assumiu a terceira vaga na rap line do BTS, o status de V como vocalista foi confirmado, mas ele continuou sendo um rapper frustrado. Faz rap na sala de ensaio e nos *fan meetings*, e às vezes parece se encher de ciúmes durante os *cyphers*. Chegou até mesmo a admitir que queria trocar de lugar com Suga no "Cypher Pt. 3", então imagine sua alegria quando recebeu o solo para a performance da *festa* de 2016. Esta Bangtan bomb mostra não só seu memorável rap, mas também como os outros garotos o ajudam a se preparar para seu grande momento.

Em 2016, V temporariamente arrumou mais um nome: Han Sung, quando foi escalado para uma série de televisão histórica chamada *Hwarang: The Poet Warrior Youth*, que falava sobre as vidas e amores de um grupo de jovens na Coreia há mais de 2 mil anos atrás. O trabalho de Taehyung como um personagem amável e inocente, o mais jovem do grupo, foi bastante apreciado pelo público (e não só pelo Army), principalmente nas cenas de maior emoção. Seus colegas atores comentaram positivamente sobre seu talento natural e sua ética de trabalho.

Portanto, só temos a agradecer por aquela funcionária da Big Hit ter se empenhado para conseguir a aprovação dos pais de V para a primeira audição. Além de seus vocais e de sua habilidade de dança, Taehyung traz para o BTS sua personalidade vibrante, uma percepção visual única e estilosa, e múltiplos talentos artísticos que só podem ajudar o grupo em sua escalada. V e Taehyung: vamos celebrar a dualidade!

15

BTS PEGA FOGO!

No final de 2015, pouco antes do lançamento de *The Most Beautiful Moment in Life, Part 2*, a marca esportiva Puma anunciou que faria uma parceria com o BTS. Esse tipo de parceria com marcas famosas é uma parte importante do K-pop, e o fato de uma empresa multinacional ter escolhido trabalhar com os Bangtan Boys nos diz muito sobre o quanto eles chegaram longe desde seu *debut*. Mesmo que o anúncio inicial, que mostrava os meninos usando Puma e dançando na rua uma versão reescrita de "Run", tivesse sido um pouco brega!

Como idols, ser brega às vezes era algo com que o BTS teria que se acostumar. No início de 2016, os meninos foram convidados a aparecer com o famoso grupo feminino G-Friend em uma canção para o Dia do Amor Familiar, uma campanha que incentivava as famílias a passar pelo menos um dia por semana juntos. No YouTube, o título da música é traduzido como "Family Song" e, bem, podem não ser os melhores três minutos e meio do BTS (tem-se a clara sensação de que Suga não queria estar lá!), mas todos estão fofos em seus uniformes escolares e, se você está procurando uma dança simples do BTS para aprender, esse é um bom lugar para começar. O vídeo do "making of" também traz algumas fotos bem bonitinhas dos garotos quando crianças.

Em fevereiro, o BTS retornou ao Idol Star Athletics em uma equipe chamada Beat to the End com seus amigos do Got7 e os grupos femininos Twice e Bestie. Os meninos mantiveram o título de reis do revezamento, com J-Hope, Jimin, Jungkook e V conquistando o ouro nos 4 × 100 metros, e então participaram de um torneio de *ssireum* de oito equipes. Essa modalidade tradicional coreana de luta livre envolve cada competidor usar um cinto largo que é agarrado pelo adversário, que tenta derrubá-lo. Uma equipe formada por V, Jungkook e Jin derrotou BTOB e Teen Top, antes de enfrentar VIXX na final. Jungkook venceu a primeira luta, mas V deixou a vitória escapar pelos dedos. Ficou tudo nas mãos de Jin, que enfrentou o cantor Ken. Embora sorrissem bastante, a disputa foi tensa. Os dois se moveram ao redor do ringue agarrados um ao outro como dançarinos de salão até Ken perceber uma oportunidade e levar Jin, que se desequilibrara, ao chão. Não importa. Ele foi bem mesmo assim!

BANGTAN BOMB

Farsa rítmica do BTS! kkk

Esta Bangtan bomb é uma das favoritas do Army de todo o mundo. Nos bastidores, várias combinações de Bangtan Boys fingem se encontrar. Suas reações são exageradas e geralmente acompanhadas por um grito. O que eles estão fazendo? Inventando um novo cumprimento? Algum tipo de improvisação? Ou talvez apenas uma bagunça inspirada? Tanto faz. São noventa segundos de bobagens a que você assistirá várias e várias vezes.

Ninguém de fato morreu quando a Big Hit postou as fotos-conceito para o álbum compilação em abril de 2016. Mas, dada a reação online do Army ao ver Jin de cabelo loiro, alguém poderia achar que sim. Com o cabelo ondulado e penteado para trás, Jin detonou *biases* em segundos ao posar para a sessão de fotos. Não que tenha sido o único a mudar a cor do cabelo. Suga manteve o cinza, mas todos os outros pintaram. RM optou por um tom cinza-azulado, Jimin voltou ao preto, o cabelo de V assumiu uma tonalidade rosada e laranja (ou alaranjada e rosa?), Jungkook pintou os cachos bagunçados de castanho-escuro e J-Hope escolheu o castanho-claro.

Para as sessões diurna e noturna das fotos-conceito para o *The Most Beautiful Moment in Life: Young Forever*, posaram em uma clareira em Jeju, uma ilha ao largo da península coreana. A aventura envolvia uma kombi de acampamento e um balão de ar quente, e a locação escolhida permitia que as cores vivas dos meninos contrastassem com a paisagem apagada e o céu enorme, o formato Polaroid dando um efeito especial às fotos noturnas.

As fotos apresentaram uma mudança de estilo para os garotos. Deixaram o visual punk da *Part Two*, que foi substituído por roupas estilosas... e shorts! As roupas eram em sua maioria Gucci, com camisas de babados, fitas, adornos de pescoço e boinas, mas também elegantes ternos de dois botões – V exibindo um azul-claro com especial autoconfiança. Era a sofisticação de uma época antiga combinada a acampamento, bom humor e uma atitude despreocupada. Mas a maioria dos Armys mal notou o cenário. Ainda estavam se recuperando das sardas de Suga, do retorno das covinhas de Jimin e (uau) do cabelo de Jin!

Young Forever, o lançamento de abril de 2016 do BTS, era uma compilação de 23 faixas com músicas dos dois álbuns *The Most Beautiful in Life*, com seis remixes e versões completas dos dois outros álbuns anteriores, além de três novas faixas. No entanto, o fato de ser uma compilação não impediu a Big Hit de promovê-lo com todos os *teasers* e *previews* a que tinha direito.

E também logo anunciaram os primeiros shows-solo do BTS de 2016, BTS Live The Most Beautiful Moment in Life On Stage: Epilogue, a serem realizados na Arena de Ginástica Olímpica na Coreia do Sul, onde, mais uma vez, os Armys seriam os primeiros a assistir a nova coreografia ao vivo. Os ingressos dos shows naquele espaço de 15 mil lugares, onde só os gigantes do K-pop haviam se apresentado, se esgotaram na hora! O vídeo promocional dos shows mostrava os membros da banda elegantemente vestidos diante das luzes ofuscantes dos paparazzi, enquanto caminhavam pelo tapete vermelho – uma experiência com a qual teriam que começar a se acostumar.

Cada uma das três novas faixas de *Young Forever* foi lançada com seus próprios MVs, começando com "Epilogue: Young Forever". O vídeo mostrava flashbacks de "I Need You" e "Run", além de imagens dos meninos presos e, por fim, libertando-se de um labirinto de cerca de arame. A música vai num crescendo das frases ditas suavemente sobre viver o agora, apreciando o momento, mas sem sentir medo de seguir em frente, até o otimismo libertador do coro, um *sing along* que domina a última parte.

Na primeira semana de maio, o BTS lançou o videoclipe de "Fire". O MV era basicamente um vídeo de dança ambientado em um armazém agora quase familiar. Suga cumprimenta uma figura toda de preto que, do nada, começa a pegar fogo. Chamas incontroláveis, um carro despencando do céu no chão e ótimas atuações. O olhar arregalado de Junkook, V jogando videogame e até mesmo o "Ow!" de Jimin foram destaques que demonstraram um novo nível de confiança diante das câmeras. O vídeo alcançou 1 milhão de visualizações em apenas seis horas, número esse que chegou aos 10 milhões em pouco mais de dois dias. Era a melhor reação até o momento.

O vídeo alcançou 1 milhão de visualizações em apenas seis horas.

"Fire" tem uma batida enérgica e vibrante que vai ganhando força e incorpora todos os elementos que fazem de suas faixas *high-tempo* tão excitantes. Um rap para a introdução? Tem (bom trabalho, J-Hope). Um refrão para cantar junto? Também tem. Um lá-lá-lá contagiante? Está lá. Um acréscimo audacioso? Confere. Um final falso da música e um novo começo? Sim! A letra retoma os temas de toda a trilogia. Os meninos pedem a quem os ouve para correr com eles, não ter medo de viver, abraçar o fogo e fazer tudo arder — com paixão, desejo, risco e ambição.

A dança que acompanha a música é igualmente ousada. Em entrevistas, o grupo contou como foi difícil dominar a coreografia de Keone Madrid, mas os garotos arrasaram. Um show de energia em que podemos vê-los passar sem esforço de um estilo ágil e dinâmico, quase como uma arte marcial, para movimentos em câmera lenta, intercalados por um pouco de atrevimento e *aegyo*. Isso sem nunca perder a sincronicidade. Além de tudo isso, os garotos têm uma energia admirável: assista ao vídeo do ensaio da coreografia no YouTube para ter uma noção da intensidade da apresentação.

A terceira música nova e a mais emotiva, "Save Me", foi lançada algumas semanas depois, dando destaque à *vocal line*. Apesar de ser um apelo apaixonado mais na linha convencional do BTS, chama a atenção por sua incrível batida de sintetizador com sons abafados, como os de um xilofone.

O MV foi filmado em uma única tomada e mostra o grupo em dunas. Era a primeira vez que faziam uma coreografia da equipe norueguesa The Quick Style, que incorporou algumas sutilezas e movimentos de dança contemporânea sem tirar nada de sua vigorosa performance em grupo de sempre. E, claro, BTS encerra o vídeo com um *teaser*. Quando o vídeo escurece, uma mensagem é digitada na tela: "BOY MEETS". Esperamos pela próxima palavra, mas é só. Só o BTS para deixar os fãs nesse suspense!

Logo ficou claro que esse trio de faixas consolidaria o status do BTS como um dos principais grupos da Coreia. No dia de seu lançamento, "Fire" foi a primeira música do grupo a conseguir um "*all-kill*", ficando no topo de todos os principais charts simultaneamente! As performances do BTS com essa música no *M Countdown*, *Music Bank* e *Inkigayo* trouxeram para eles mais três troféus de programas musicais. Além disso, *Young Forever* foi para o topo do chart coreano de álbuns, permanecendo lá por duas semanas consecutivas.

Esse trio de faixas consolidaria o status do BTS como um dos principais grupos da Coreia.

Nos Estados Unidos, a onda do BTS ganhou impulso. *Young Forever* se tornou seu segundo álbum consecutivo a ir para a Billboard 200, alcançando o 106º lugar. No chart do World Digital Songs, os rapazes estabeleceram um recorde nunca antes feito por um grupo de K-pop: os garotos tinham três faixas ao mesmo tempo no chart ("Fire", "Save Me" e "Epilogue: Young Forever").

Em junho de 2016, a Big Hit planejou algo interessante para o BTS no V-Live. Um episódio-piloto de *Bon Voyage* mostrava os garotos na sala de reuniões da companhia, conversando sobre aonde gostariam de ir (Havaí ou a área rural da Coreia do Sul) e com quem gostariam de ir (J-Hope ou Jimin). Quando voltam ao dormitório — sim, finalmente vemos o dormitório! —, descobrimos que vão todos juntos para o norte da Europa. E assim começa a série pay-per-view do V-Live *Bon Voyage*: oito episódios de quarenta minutos (com vídeos extras dos bastidores também disponíveis) acompanhando um mochilão de dez dias dos meninos pela Noruega, Suécia e Finlândia.

Para sete garotos que passaram quatro anos ensaiando, cantando, dançando, treinando e gravando, essa era a chance de ter férias. Eles apenas se esqueceram de um detalhe: a viagem não seria de turnê. Logo, a Big Hit não iria cuidar de todos os detalhes para eles. Dessa forma, tudo é magnificamente caótico à medida que o pânico e a indecisão reinam no dormitório e os rapazes tentam decidir que roupa devem levar. Suga conta metodicamente seus pares de meias limpas, Jungkook banca o *maknae*, perguntando a todos o que vão levar, e Jimin simplesmente não consegue decidir o que colocar na mala.

Tudo é magnificamente caótico à medida que o pânico e a indecisão reinam no dormitório enquanto eles tentam decidir que roupa devem levar.

A primeira parada deles é em Bergen, na Noruega. Graças ao inglês fluente de RM, conseguem arrumar um jeito de ir do aeroporto para a cidade, mas acabam descobrindo que Jimin deixou sua bolsa no ônibus do aeroporto. É surpreendente a série não se chamar *The Lost Boys* (*Os garotos perdidos*) porque, quando não estão de fato perdidos, parecem estar sempre perdendo alguma coisa — bolsas, iPads, bilhetes. Só quando RM perde o passaporte é que deixa de ser engraçado. Porque, para o choque dos outros, ele é forçado a abandonar a viagem.

Quando sua jornada os leva até a Suécia e a Finlândia, vemos os outros aproveitando o tempo juntos enquanto navegam pelos fiordes, passeiam de bicicleta, passam um tempo em um trailer, fazem sauna, mergulham num lago frio e visitam o Santa Park. Nesses vídeos, vemos o BTS como rapazes normais, de seus 20 e poucos anos, viajando juntos. Eles não conseguem acreditar! É tudo tão relaxante, e J-Hope até descobre uma frase para manter os poucos fãs que encontram afastados: "Desculpe... assuntos importantes!"

A viagem os fez valorizar ainda mais a companhia um do outro e apreciar o que alcançaram.

Em sua última noite, sentados à beira do lago enquanto leem as cartas enviadas por Bang Si-hyuk e seu empresário Sejin para marcar o terceiro aniversário do grupo, parece mesmo que a viagem os fez valorizar ainda mais o que alcançaram e a companhia uns dos outros. Como Suga diz em seus comentários finais, são todos uma família agora.

No verão, o BTS voou para a Europa para participar como destaque da KCON, em Paris, e depois para os Estados Unidos, para as convenções de Newark e Los Angeles. Como Jeff Benjamin escreveu para a revista *Billboard*: "Se o status deles de astros já não indicava isso, talvez os charts possam confirmar que uma nova *boy band* chegou e está pronta para dominar." Com as novas faixas de *Young Forever*, além de "Dope", "I Need U" e "Boyz with Fun", o BTS agora tinha a seu dispor um pacote completo e infalível para agradar ao público.

Segundo os organizadores da KCON de Newark, que aconteceu nos dias 24 e 25 de junho, os 18 mil ingressos para o show do BTS se esgotaram mais rápido do que os do Bruce Springsteen. RM foi um dos MCs no primeiro dia de convenção, e o grupo encerrou o evento no segundo dia. Pelo que se diz, os Armys foram os fãs mais barulhentos já ouvidos no local, e o BTS se sentiu confiante para incluir "Cypher Pt. 3: Killer", de *Dark & Wild*, uma das músicas favoritas do grupo, na apresentação. Mais um grande sucesso.

No mês seguinte, os garotos repetiram o feito na edição da Costa Oeste da KCON, de 29 a 31 de julho. August Brown escreveu para o *LA Times*: "O BTS encerrou a noite lembrando por que são um dos mais duradouros e influentes grupos de K-pop... O grupo ocupou o palco da KCON com precisão e entusiasmo. As várias apresentações ao vivo mostram a habilidade dos integrantes com as rimas, no meio daquilo tudo. O K-pop tem tudo agora, e o show de encerramento do domingo mostrou como alguns artistas podem ser realmente bons."

Entre a França e os dois shows americanos da KCON, aconteceu o grande evento tradicional conhecido como *festa*, a celebração anual feita pelo BTS e pelo Army para comemorar o *debut* do grupo, agora já completando três anos. E a comemoração já começou bem com o download gratuito de uma nova faixa, "I Know", um dueto sensível gravado por RM e Jungkook, antes de a diversão começar com uma versão muito bem coreografada de "Baepsae", uma de suas músicas de maior sucesso, e as "fotos de família". Nessas, vemos os meninos de black tie e blazers ou com uniformes e quepes, assim como Jin com uma roupa de chef e uma série hilária de Suga e J-Hope fazendo bobeira com seus agasalhos laranja "SOPE" (um vídeo da sessão de fotos está disponível no YouTube).

Outro vídeo publicado especialmente para o período da *festa* atordoou até mesmo os mais dedicados dos Armys. Com o título de "J-Hope Dance Practice for 2015 Begins Concert", é um clipe de sessenta segundos em que J-Hope mostra toda sua habilidade no estúdio da Big Hit. De repente ficou claro do que exatamente o garoto era capaz e o quanto estava se contendo nas danças do grupo — mesmo nas coreografias mais eletrizantes.

O verão terminou como tinha começado, com o BTS lotando espaços enormes no Japão em seus últimos shows do BTS Live The Most Beautiful Moment in Life On Stage: Epilogue, de 2016, e competindo no segundo Idol Star Athletics do ano. Mais uma vez os rapazes venceram o revezamento 4 × 100 metros (algum dia eles seriam derrotados?), com J-Hope, Jimin, Jungkook e Suga derrotando as equipes do BTOB e do B.A.P, mas tiveram menos sucesso em uma competição de arco e flecha. Uma Bangtan bomb mostra como ficaram bem em seus trajes esportivos – Jimin agora com o cabelo loiro –, mas não pareciam estar levando a competição a sério para ganhar.

Young Forever, principalmente as três novas músicas, elevou o BTS a outro nível. De alguma forma, aqueles rapazes de empresa pequena, que escreviam boa parte de suas músicas, estavam conquistando não só seu país de origem, mas também seus vizinhos do Sudeste Asiático, assim como ganhando milhares de fãs no Oriente Médio, Australásia, América do Sul, Europa e até conseguindo espaço nos Estados Unidos.

JUNGKOOK

FICHA TÉCNICA

Nome: Jeon Jungkook
Apelidos: Jungkook, Jungkookie, Kookie, JK, Nochu, Seagull (Gaivota), *Maknae* de Ouro, Coelho
Data de nascimento: 1° de setembro de 1997
Local de nascimento: Busan, Coreia do Sul
Altura: 1,78 metro
Educação: Baekyang Middle School, Shingu Middle School, School of Performance Arts High School
Horóscopo chinês: Boi
Signo: Virgem

16
JEON JUNGKOOK: O *MAKNAE* DE OURO

Foi RM quem começou a chamar Jungkook de "*Maknae* de Ouro", embora seja bem provável que o Army já tivesse pensado nessa ideia, pois o bebê do BTS é multitalentoso, não apenas como cantor, dançarino e lindo integrante de banda, mas também em praticamente qualquer coisa que resolva tentar. Para alguém que mal era um adolescente quando começou sua jornada ao estrelato, este bebê demonstrou uma imensa maturidade para lidar com as adversidades enfrentadas pelo grupo e as tensões da vida de ídolo.

Ter um *maknae* especial é comum para os grupos de K-pop. A palavra identifica o integrante mais jovem, que, por vezes, são os mais fofos e divertidos, e aqueles que recebem mais carinho dos outros. Tudo isso é verdade no caso de Jungkook. Basta ver como o BTS cuidava dele na época das primeiras performances ou o protegia durante as entrevistas com o grupo e os programas de TV no começo da carreira. No entanto, logo ficou claro que esse *maknae* tinha algo a mais, um talento natural inato e, à medida que o BTS progredia e se tornava mais confiante, isso também acontecia com Jungkook. Aqueles que acompanham o grupo desde o *debut* ficam em dúvida em que momento ele passou de criança querida à joia da família.

Como Jimin, Jungkook cresceu na cidade de Busan. Morava com a mãe, o pai e o irmão mais velho, Jeon Junghun, então já tinha alguma experiência em ser o bebê da família. Inclusive, Junghun já compartilhou várias fotos adoráveis do irmão mais novo nas redes sociais.

> **Ele sonhava em se tornar um jogador profissional de badminton.**

É justo dizer que Jungkook não se destacou na escola, exceto em educação física, artes e música. No ensino fundamental, o esporte era particularmente importante para ele. Fez aulas de taekwondo, até chegou à faixa preta, jogou futebol e mostrou bastante aptidão para o badminton. Ele sonhava em crescer e se tornar um jogador profissional de badminton, e quando seus pais lhe compraram seu primeiro computador, seus primeiros jogos foram e-sports.

Jungkook descobriu a música na segunda parte do ensino fundamental, com destaque para as músicas do G-Dragon, rei do K-pop, quando a carreira solo do vocalista do BIGBANG se tornou estratosférica com "Heartbreaker". O aluno do sétimo ano começou a cantar e até mesmo se sentiu inspirado a tentar *street dance*, entrando para um clube local de *b-boy*. Em 2011, sentiu-se suficientemente confiante para fazer um teste para *Superstar K*, o maior show de talentos televisivo da Coreia do Sul (equivalente a *The X-Factor* ou *American Idol*).

Após horas na fila, junto a outros milhares de esperançosos possíveis talentos de Busan, Jungkook teve sua oportunidade de dois minutos. Com o cabelo ligeiramente sem corte e usando uma camisa branca de manga comprida, parecia muito doce ao cantar "This Song", do 2AM, e "Lost Child", de IU (para os fãs de Jungkook, é possível encontrar essa performance online). Sua voz falhou um pouco na hora, e ele alega que foi por isso que não avançou além da fase de qualificação, mas claramente mostrou que tinha talento, porque, depois da audição, foi contactado por nada menos que sete agências que tinham visto sua performance, incluindo a JYP, uma das Big Three.

> **Ele foi contactado por nada menos que sete agências que tinham visto sua performance.**

O que o fez escolher a Big Hit? Ver RM mandando ver no rap o fez tomar sua decisão na mesma hora. "Achei RM o máximo, e quis assinar com eles", disse ao *New Yang Nam Show*, em 2017. Como os outros *trainees*, chegou sozinho a Seul e ocupou seu lugar no dormitório. Ele tinha apenas 13 anos, mas teve que trocar de escola, aprender a se virar em uma cidade nova, fazer novos amigos e começar a se preparar para ser um ídolo com *trainees* muito mais velhos.

Jungkook admitiu que o estudante barulhento e por vezes agitado de Busan imediatamente se tornou um *trainee* calmo e tímido em Seul. Os meninos se lembram que ele esperava todos dormirem para tomar banho, evitava cantar na frente deles e chorava se o pressionavam. Quando Bang Si-hyuk disse que não havia emoção em sua dança, Kookie deve ter reunido todas as suas forças para não fazer as malas e voltar para casa.

Em vez disso, o jovem adolescente que nunca tinha estado em um avião antes foi para os Estados Unidos. A Big Hit o matriculara em um curso intensivo de *street dance* na famosa academia de dança Movement Lifestyle, em Los Angeles. Ele achou o curso difícil, mas aprendeu muito em apenas um mês e ainda conseguiu comprar um skate e dominar uma nova habilidade. Até o final de 2012, Jungkook fora revelado como o sexto e aparentemente último integrante (sem incluir o secreto V) do BTS. Sugeriram que adotasse o nome artístico de Seagull (Gaivota), que é o pássaro oficial da cidade de Busan e o apelido da equipe de beisebol local, mas Jungkook escolheu ficar com o próprio nome.

A timidez de Jungkook ainda era um problema. Bang Si-hyuk admitiu ter sido arriscado permitir que ele debutasse, já que muitos na Big Hit achavam que não estava pronto, mas o espírito de equipe do BTS entrou em ação. É bom lembrar que ele ainda tinha apenas 15 anos. Kookie já contou muitas vezes que Jin cuidava dele, cozinhava para ele e o levava para a escola. Suga, por sua vez, às vezes virava uma figura paternal para ele. Note a reação chocada dele em *American Hustle Life* quando Jungkook parece ansioso por fazer uma tatuagem.

Mas a fé que depositaram em Jungkook não foi à toa. À medida que foi ganhando confiança, Jungkook começou a dar retorno. A partir de "Graduation Song", divulgada em fevereiro de 2013, logo após ele ter se formado no ensino fundamental, os fãs passaram a conhecer a voz doce do *maknae*, e perceberam que ele também era um ótimo dançarino. Ainda não era muito participativo nas entrevistas, mas, por ora, isso poderia ser desconsiderado.

À medida que Jungkook avançava no ensino médio, foi se tornando uma figura central no grupo.

À medida que Jungkook avançava no ensino médio, foi se tornando uma figura central no grupo. Começou a ter destaque nas coreografias e seus vocais suaves, por vezes roucos, podiam ser ouvidos cada vez mais nas faixas do BTS. Em *Wings*, Jungkook teria sua própria música, "Begin", escrita por RM. Ele disse que se sentiu constrangido ao explicar a letra para os outros integrantes, já que fala sobre como chorou por eles quando a carga de trabalho do grupo se tornou pesada demais. São sentimentos sinceros e ele os canta lindamente. Então, antes de *Love Yourself: Tear* ser lançado, Jungkook assumiu os vocais do trailer, "Euphoria", uma faixa que muitos Armys ficaram desapontados em não ver no álbum.

Nos anos seguintes, Jungkook iria publicar uma série de *covers* impressionantes — muitos deles em inglês. Belieber assumido, ele gravou, para o deleite de muitos fãs, "Boyfriend", "Nothing Like Us", "Purpose" e "2U". Mas também "Paper Hearts", de Tori Kelly, "Lost Stars", de Adam Levine, "We Don't Talk Anymore", de Charlie Puth (que levou Puth a tuitar "Adorei esse *Jungcook*") e mais outras músicas suficientes para os YouTubers criarem um álbum imaginário de *covers*. Em fevereiro de 2018, ele tuitou um cover de "All of My Life", de Park Won, em que tocava piano e cantava vocais despojados. Em alguns dias, já recebera mais de 1 milhão de curtidas.

Quando a personalidade envolvente e divertida de Jungkook emergiu nas aparições do BTS em vídeos e na TV, foi convidado a participar de diversos programas de variedade. Em 2016, apareceu em *King of Mask Singer*, uma série de TV em que cantores de K-pop disputam uns com os outros sem saberem suas verdadeiras identidades. Jungkook se apresentou como "o Homem-Esgrima", usando uma espetacular máscara prateada. Embora não tenha vencido, o Army adora seu cover de "If You", do BIGBANG.

Ele também participaria de uma série chamada *Celebrity Bromance*. Jungkook fez dupla com Minwoo, um artista de 36 anos do grupo Shinhwa, da primeira geração do K-pop. A natureza zelosa do astro mais velho ajudou muito Jungkook a sair de sua concha, e as cenas em que aparecem entre filhotes no *dog café* ou quando Jungkook faz uma escalada para ganhar o jantar valem a pena assistir. Menos bem-sucedida foi sua aparição em *Flower Crew*, um reality show sobre viagens. Houve uma controvérsia no programa, já que alguns dos outros participantes estavam sendo rudes com Jungkook e o processo de votação em que o show se baseava era tendencioso, em razão da popularidade de Kookie. Ele até mesmo foi visto balbuciando "Não vote em mim", constrangido.

BANGTAN BOMB

Assistindo ao show de *lip sync* de Jungkook

Se você associa Jungkook a harmonias doces e tocantes, veja o maknae arrasando no rock com V ao som de "Given Up", do Linkin Park. Admirados, Jimin e J-Hope assistem a Jungkook mandar ver nos *lip syncs* (incluindo os palavrões) como se fosse fluente em inglês e no *air guitar*. Mesmo como roqueiro, ele ainda é muito fofo!

Enquanto isso, seus companheiros de dormitório descobriram que o *maknae* tinha muitas outras habilidades. O jovem competitivo invariavelmente ganhava os jogos de que participava, e seu talento para o desenho era mais do que impressionante (é genético. Confira no Instagram os desenhos que seu irmão, Jeon Junghun, fez do BTS). Sua destreza esportiva, particularmente no atletismo, luta-livre e arco e flecha inspiraria os triunfos do BTS em sucessivos campeonatos Idol Star Athletics. Ele fazia jus ao apelido de *Maknae* de Ouro dado por seu líder.

Esse não foi o único apelido que Jungkook recebeu. Além de ser chamado carinhosamente de Kookie pelos colegas e pelo Army, ele também atende ao apelido de Nochu. Esse apelido vem da série *American Hustle Life*, quando o mentor Nate lhe deu um rap para copiar, que incluía a linha "Nochu ["Not you"], come thru". Jungkook copiou tão bem, que Nate o chamou assim, e o apelido pegou.

Outros nomes pelos quais tem sido chamado incluem Muscle Pig (e mais recentemente Jeon Cena, em razão do lutador americano John Cena, fã do BTS), um epíteto lisonjeiro baseado em sua força e seu bíceps; Bunny, pois mostra os dentes da frente quando sorri; Shining Prince, que fez sucesso no Twitter após o lançamento de *Love Yourself: Her*; e Internacional Playboy, que foi como se apresentou ironicamente no documentário *Go! BTS*, já que, na época, não parecia capaz de olhar um menina nos olhos! Por fim, alguns fãs o chamam de Jungshook, uma referência à expressão perplexa e desorientada que Kookie exibe em momentos verdadeiramente confusos.

Esses termos carinhosos mostram o quanto os outros integrantes se importam com o caçula, mas isso não os impede de se divertirem às custas dele. Jungkook fez 16 anos no dia 1° de setembro de 2013. Em um vídeo do YouTube chamado "BTS Surprise Birthday Party for Jungkook!", podemos ver os garotos filmando um MV. Durante um intervalo, Jungkook lê os e-mails dos fãs e tenta aproveitar o "Kookie Day", mas um dos produtores começa a criticar sua dança, e os outros, escondendo as risadas, entram na brincadeira. O pobre Kookie parece confuso e um pouco chateado, mas eles mantêm a farsa até Suga aparecer, sorridente, com um bolo, velas e cantando parabéns.

Não que ele sempre retribua com o respeito esperado por seus *hyungs*. Jungkook muitas vezes finge ser um *maknae* do mal, e imita os outros com perfeição. Desde o *debut*, Jungkook ficou mais alto que Jimin, mas é melhor não comentar sobre isso. "Me chama de baixinho e faz carinho na minha cabeça... sou dois anos mais velho do que você!", o pobre Jimin já reclamou! Mas parece que Jimin pode perdoar Jungkook pela maioria das coisas. Já disse que o colega o faz lembrar de seu irmão mais novo e, até mesmo quando estão se divertindo, passa a sensação de que está cuidando de Jungkook.

Jungkook muitas vezes finge ser um *maknae* do mal.

Embora também seja dois anos mais velho, V consegue agir como criança. Kookie até já comentou como sua personalidade é semelhante à de V. "Ele é imprevisível. Nosso gosto para a comédia é bem parecido." Jungkook e V também compartilham o amor pelos videogames, principalmente *Overwatch*. Na verdade, Jungkook é o verdadeiro viciado em jogos do grupo (procure a cicatriz em sua bochecha esquerda, lembrança de uma briga com o irmão pelo controle). No final de 2016, quando o grupo se mudou para um dormitório de quatro quartos, Jungkook ganhou no pedra, papel e tesoura para ser o único integrante com seu próprio quarto, que chamou de *golden closet*, e os outros garotos sempre iam até lá quando queriam jogar.

Quando se mudaram para um lugar melhor, ele passou a usar esse nome para seu estúdio de gravação. É onde trabalha em seus *covers*, pratica piano, e também é a sede do Golden Closet Films (ou GCF, como aparece no YouTube), o estúdio cinematográfico de Jungkook. Os lançamentos até o momento, dirigidos e editados pelo próprio, consistem em curtas-metragens de Jimin em uma viagem a Tóquio e de todos os membros se divertindo em Osaka. Temos aqui mais um dos talentos de Kookie, que por enquanto ainda não gerou um novo apelido!

Jungkook é o menos ativo do grupo no Twitter. O Army tem encorajado o *maknae* a postar mais, e ele disse que vai tentar. No entanto, publica suas músicas solo como presentes para os fãs, e, como parte de *Love Yourself: Tear*, trabalhou duro para escrever e produzir "Magic Shop", uma canção apaixonada que dedicou ao Army. Mais do que qualquer outro integrante do grupo, Jungkook cresceu com o BTS. O adolescente magro, tímido e incrivelmente fofo se tornou um artista carismático e um homem bonito e sarado — e eu sei que você reparou na barriga tanquinho dele no BBMAs 2018. O multitalentoso Kookie continua revelando novas habilidades. Todos os créditos vão para a Big Hit, por reconhecer seu potencial; aos Bangtans, por terem criado um garoto de quem podem se orgulhar; e, é claro, ao próprio *Maknae* de Ouro.

17

DAESANG

Em julho de 2016, o BTS ainda estava no Japão quando saíram as fotos de divulgação de seu segundo álbum japonês. Lançado em setembro, *Youth* continha nove versões japonesas de suas músicas, o single "For You" e três novas faixas. O álbum começa com o rap "Introduction: Youth" e passa para "Good Day", uma doce música pop do *vocal line*. Seguem a essas "Wishing on a Star", que acabou se tornando uma das favoritas do Army do mundo inteiro. Uma música mid-tempo repleta de ecos românticos, os vocais se encaixando perfeitamente enquanto é passada a mensagem: "Siga seus sonhos, não importa o que aconteça." *Youth* foi direto para o topo dos charts japoneses semanal e mensal, mais uma novidade para o BTS.

Ao mesmo tempo, algo mais estava acontecendo. Ao longo de nove dias no início de setembro, a Big Hit publicou uma série de sete curtas (de dois a três minutos) no YouTube. Cada filme focava em um determinado integrante do grupo: o filme de Jungkook se intitulava *Begin*; o de Jimin, *Lie;* o de V, *Stigma*; o de Suga, *First Love;* o de RM, *Reflection;* o de J-Hope, *Mama*; e o de Jin; *Awake.*

Cada um desses vídeos começava com uma breve narração em inglês com a voz de RM e uma faixa de fundo com trechos de uma nova música. O filmes são muito estilizados e repetem imagens-chave de vídeos anteriores do BTS, incluindo fogo, pétalas, banheiras e fotografias Polaroid. É como se tivessem planejado isso o tempo todo! Sombrios e cheios de simbolismo, passam sentimentos de alienação, insegurança, angústia e desespero. Cada um dos rapazes tem um importante papel nos vídeos e os desempenham à altura, preenchendo as cenas com emoção e profundidade. É fácil perceber a atmosfera, mas o significado exato de cada uma das histórias está aberto à interpretação, então deu o que falar em muitos blogs e sites de fãs do Army.

Em entrevistas, RM explicou que a chave para entender os filmes e o novo álbum de *comeback* poderia ser encontrada no romance *Demian*, do escritor alemão Hermann Hesse, publicado pela primeira vez em 1919. Bang Si-hyuk lhes dera a história de um garoto à beira da idade adulta, que se vê diante de uma escolha entre luz e escuridão, segurança e perigo, bom e mau, e deve descobrir seu próprio caminho. No romance, o personagem principal questiona valores aceitos e se rebela contra um sistema frustrante e repressor. Para o BTS, foi uma escolha bastante inspirada.

A chave para entender os filmes e o novo álbum poderia ser encontrada no romance *Demian*, do escritor alemão Hermann Hesse, publicado pela primeira vez em 1919.

No final de setembro de 2016, a Big Hit anunciou a data do novo álbum, *Wings*, e publicou um trailer de *comeback*. Lembra que o vídeo de “Save Me” terminava com as palavras “BOY MEETS”? O trailer parecia fornecer uma resposta, uma vez que se seu título era “Boy Meets Evil”. Após uma citação de Hesse sobre apertar as mãos do diabo, vemos J-Hope dançar ao som de seu próprio rap vigoroso.

J-Hope foi o último da *rap line* a ter seu próprio trailer de estreia de álbum, mas seus vocais são excelentes. A intensidade varia à medida que fala de tentação e sobre ceder a um amor que é errado, mas doce demais para resistir. Ainda mais impressionante é sua dança. Usando uma camisa branca de manga comprida, calça jeans preta rasgada e com seus cabelos agora em tom cobre, J-Hope arrasa com uma performance de dança moderna coreografada por Dylan Mayoral, de expressão e execução arrebatadoras.

As fotos-conceito foram divulgadas logo depois. E combinando com tudo o que o Army tinha visto e ouvido nas últimas semanas, a banda deixou de lado a imagem juvenil e descontraída, e adotou um look mais maduro, elegante e sofisticado. Os garotos usavam camisas impecáveis e jaquetas bordadas ou em tecido floral com muito veludo e cetim. Havia toques modernos e *vintage*, tais como gargantilhas e golas com babados, jeans com a barra dobrada e apliques de flores. Embora o cabelo deles ainda estivesse multicolorido, os tons também eram mais discreto e chiques.

A banda deixou de lado a imagem juvenil e descontraída, e adotou um look mais maduro, elegante e sofisticado.

O MV do *comeback* foi para um nova faixa, "Blood, Sweat & Tears", lançada em 10 de outubro. Era um trabalho ambicioso que combinava teatro e dança, além de incorporar o simbolismo e as ideias dos curtas-metragens. Ainda no tema das fotos-conceito, somos levados a um mundo opulento quando os garotos entram em um museu cheio de estátuas e pinturas clássicas. Com roupas elegantes da Saint Laurent e Dolce & Gabbana, parecem dândis, boêmios, absolutamente deslumbrantes.

A parte dramática do vídeo constrói gradualmente uma sensação de ruína, de inocência sendo deixada para trás, de ceder às tentações. O grupo interpreta essa narrativa em várias cenas, culminando com a de Jin beijando a estátua. Ao redor, vemos obras de arte que reforçam a história, incluindo a pintura de Ícaro, de Herbert James Draper; a escultura da Virgem Maria segurando o corpo de Jesus Cristo, de Michelangelo, e *A Queda dos Anjos Rebeldes*, pintura de Pieter Bruegel, o Velho.

No entanto, eles são um grupo de K-pop. Não deveriam estar se aprofundando no mundo da arte e da filosofia, assim como não deveriam ter questionado sua educação e suas expectativas de carreira em "No More Dream". Não contentes em escrever letras apenas no tema "boy meets girl" (sobre o relacionamento com garotas), estão explorando ideias sobre a idade adulta e as escolhas significativas que precisam fazer. Isso certamente dá ao espectador o que pensar.

Ao mesmo tempo, também acabaram distraindo muitas fãs de tais questões com sua coreografia. Esta é de longe a tentativa mais deliberada do grupo de mostrar um lado sexy e sedutor e, a julgar pelos comentários no YouTube, acertaram em cheio. O clima é criado pelo delineador pesado, grandes decotes, gargantilhas e lábios macios, enquanto a dança mantém a marca registrada dos movimentos ágeis e precisos, mas incorpora olhares sensuais, carícias em si mesmos e outros movimentos corporais envolventes. Acrescente a isso momentos como os que mostram Jungkook lambendo o dedo ou a jaqueta de Jimin deixando seu ombro à mostra, e o vídeo sem dúvida deixou milhões de fãs atordoadas demais para se engajarem intelectualmente.

Enquanto o vídeo alcançava mais de 6 milhões de visualizações em 24 horas, o BTS lançava *Wings*, seu segundo álbum completo. Assim como o álbum fala sobre crescer e alçar voo, os integrantes da banda também começam a abrir as próprias asas. Neste álbum, cada um dos garotos tem seu própria faixa solo, que, à exceção de Jungkook, é uma música escrita por eles mesmos. Essa foi uma conquista extraordinária, não só para os meninos, mas também para a Big Hit, já que as três grandes raramente dão aos seus grupos tanta confiança e liberdade.

As quinze faixas de *Wings* envolvem uma série de estilos de sintetizadores, incluindo sons atuais como *tropical house*, *moombahton* e até *neo-soul*. O álbum começa com o rap "Boy Meets Evil" de J-Hope, usado para o trailer, e "Blood, Sweat & Tears", com os holofotes em Jimin, que abre a faixa com um vocal agudo de tirar o fôlego. Usando sinos, sirenes e palmas como sons de fundo, a *vocal line* se destaca harmonicamente com o mais contagiante dos ganchos. Na letra dessa aparente canção de amor, há um tom mais sombrio que alude ao tema do álbum. Como RM explicou no lançamento do conceito: "Quanto mais difícil for resistir a uma tentação, mais você pensa sobre isso e vacila. Essa incerteza faz parte do processo de crescer. ["Blood Sweat & Tears"] é uma música que mostra como alguém pensa, escolhe e cresce."

BANGTAN BOMB

Reação do BTS ao verem o MV de "Blood, Sweat & Tears"

Se a busca por significados e o exercício intelectual despertados pelos curtas-metragens de *Wings* e o MV de "Blood, Sweat & Tears" o deixam exausto, então procure essa Bangtan bomb no YouTube. A gravação mostra os garotos vendo o videoclipe pela primeira vez. Você não encontrará muita coisa para ajudar a compreendê-lo, mas vai se divertir muito enquanto eles riem ou comemoram os passos de dança, a atuação e a sensualidade uns dos outros.

A próxima seção de *Wings* é dominada pelos esforços individuais do grupo. Os solos têm os mesmos títulos de seus curtas-metragens. Jungkook é o primeiro com "Begin", uma faixa R & B lenta que ele adapta para um estilo Bieber, em que se lembra de sua chegada a Seul aos 15 anos e como seu relacionamento com os "irmãos" se fortaleceu. Em seguida, Jimin assume o microfone para sua faixa, "Lie", que passa de sufocante a emocional em um vocal surpreendente, acompanhado por uma melancólica orquestra de cordas e instrumentos que abalam os nervos e *backing vocals* etéreos. Em contraste, com uma batida instrumental clássica, "Stigma", de V, traz vocais graves, sussurros e quase gritos em uma canção emocionante, que fala de mágoa carregada de culpa.

"First Love" é uma música clássica de Suga. Um rap original em que ele usa muito bem seu tom de voz, elevando-o de calmo a ardoroso a fim de compor essa homenagem seu piano na infância. Mais tarde, ele admitiu ter chorado quando gravou a música. As contribuições da *rap line* continuam com "Reflection", de RM, uma tranquila reflexão sobre as contradições da vida. Escrita enquanto estava sentado no Ttukseom Park, o rap começa com uma gravação do som do metrô passando feita com o próprio celular.

J-Hope revelou que, em uma reunião do grupo, anunciara que pretendia escrever uma música sobre sua mãe e que seria animada e "Hope"-ful (cheia de esperança). Fiel à sua palavra, uma faixa alegre e jazzística acompanha seu poema sobre o amor de mãe e filho. A letra é linda tanto pela simplicidade quanto pelos detalhes, desde os nomes dos restaurantes em que ela trabalhou até o lindo gesto de incluir a voz dela dizendo *olá*.

Jin diz que Suga originalmente pensava que uma música tipo balada não se encaixaria bem no álbum, mas a faixa do último solista provou ser a preferida de todo o grupo. Um número lento convencional, com fundo de orquestra e piano, "Awake" mostra lindamente o controle e o alcance vocal de Jin enquanto ele canta sobre insegurança e a importância de se motivar.

As músicas do grupo voltam com "Lost", uma faixa animada que mostra um contraste muito bem planejado entre os integrantes da *vocal line*, enquanto cantam uma mensagem de esperança. Uma faixa antiga escrita parcialmente por RM, a canção fala da dificuldade em se escolher seu caminho na vida e acreditar em si mesmo para encontrar o caminho certo. Logo a seguir, temos a tradicional faixa dos rappers, "Cypher Pt. 4", com as frases usuais dirigidas aos *haters*, mas dessa vez soa confiante e assertivo (principalmente a repetição "I love myself"), sem nada da postura defensiva e da encenada arrogância hip-hop que temperou algumas *cyphers* anteriores.

A próxima faixa é "Am I Wrong". A primeira surpresa é que começa com uma amostra de uma música de 1994 do cantor de blues Keb' Mo', vencedor de quatro prêmios Grammy. A segunda é que o BTS a torna sua, mantendo o tom do blues, mas a transformando em uma trilha pop vibrante com um refrão fácil de pegar. Isso é que é testar os limites! E o álbum segue bem com a terceira faixa, "21st Century Girls". Sua coreografia pulsante, divertida e relativamente simples faz dela um sucesso instantâneo com o público. Além disso, a letra mostra como o BTS progrediu. A visão estreita e machista de "War of Hormone" foi substituída por uma celebração das mulheres por quem são. É um hino encorajador sobre o "poder feminino" com uma ótima batida.

E não acabou: "Two! Three! (Still Wishing for More Good Days)" foi escrito especificamente para o Army. Este primeiro hino oficial de fãs traz um rap encantador e um mix vocal, uma mensagem reconfortante sobre atravessar os momentos difíceis juntos, e um *chant* feito sob medida para ser cantado nos shows. O álbum termina com "Interlude: Wings", uma faixa dançante iniciada por Jungkook sobre abraçar a idade adulta, enfrentar os desafios e obstáculos, mas seguir o caminho que você decidir.

O álbum foi lançado em quatro versões: *W, I, N* e *G*. Todos têm a mesma capa preta com um padrão de fumaça e o logotipo de *Wings* com quatro círculos diferentemente sombreados. As versões diferem nas fotos e nos cadernos com as músicas, que seguem o tema do vídeo de "Blood, Sweat & Tears" e dos curtas-metragens, juntando os integrantes em pares e deixando Jin sozinho. O álbum de fotos do *W* traz maravilhosas fotos coloridas de Jin, além de outras do grupo; *I* também tem fotos do grupo, mas inclui as de J-Hope e V; *N* se concentra em Jimin e Suga; deixando *G* para RM e Jungkook. No entanto, cada um vem com uma Polaroid aleatória.

Sua primeira apresentação de *comeback* foi em 13 de outubro (aniversário de Jin), no *M Countdown*, do Mnet, em que apresentaram "21st Century Girls" com roupas casuais, seguida de "Am I Wrong", usando jaquetas de cores diferentes, antes de aparecerem em um "museu", vestindo roupas sofisticadas para "Blood, Sweat & Tears". Tendo em vista a reação online às performances e às músicas, não foi surpresa quando conquistaram troféus em *Show Champion, M Countdown, Music Bank* (duas semanas seguidas), *Inkigayo* e *The Show Choice* nas semanas seguintes.

BANGTAN BOMB

Ensaio para a coreografia de 21st Century Girl (versão Dia das Bruxas)

Este é provavelmente o ensaio do BTS mais cheio de erros de todos os tempos, mas pegue leve com eles. É o Dia das Bruxas e os garotos adoram se fantasiar. Não deve ser fácil fazer os passos quando se está fantasiado de coelho gigante (Jungkook), um enorme legume (Jimin) ou um caubói num cavalo (Jin). Também temos Suga de Hanbok (roupa tradicional coreana), J-Hope como um esqueleto, V como Syaoran, do mangá *Cardcaptor Sakura*, e RM (é claro) como Ryan, o adorável leão sem juba do aplicativo KakaoTalk (e sua obsessão – ele até tem pijama do Ryan).

Wings era claramente o trabalho mais ambicioso do BTS até o momento: um conjunto de quinze canções abrangendo variados gêneros musicais, compositores, ideias líricas e artistas. Os meninos ficaram ansiosos para saber como o álbum seria recebido, e Jin revelou que teve dificuldade para dormir antes do *comeback*. Contudo, desde o dia do lançamento ficou óbvio que o álbum seria imensamente popular. As faixas dominaram os charts coreanos e *Wings* acabou se tornando o título mais vendido do ano no chart da Gaon. Com apenas quatro dias de lançamento, "Blood, Sweat & Tears" conquistara o desejado "*all-kill*", ficando no topo de todas as oito paradas musicais coreanas.

Era verdadeiramente surpreendente. O BTS também estava saindo em manchetes pelo mundo todo. O single alcançou o primeiro lugar nas paradas do iTunes em 23 países, incluindo Canadá, Brasil, Nova Zelândia, Singapura e Noruega, assim como no equivalente chinês. E foi direto para o topo do chart da Billboard World Digital Song Sales. O álbum também era um grande sucesso internacionalmente: o BTS se tornou o primeiro grupo coreano a figurar nas paradas de álbuns do Reino Unido em 62° lugar. Além disso, *Wings* causou um grande impacto nos charts da Finlândia, Suécia, Irlanda e Holanda.

A América do Norte já tinha visto grupos de K-pop se apresentarem antes, mas nada comparado a isso. O Canadá ficou apaixonado pelo BTS. O álbum chegou aos vinte mais, enquanto "Blood, Sweat & Tears" estabeleceu um recorde do K-pop ao alcançar o 86° lugar. Enquanto isso, nos Estados Unidos, os meninos não estavam apenas se destacando nas paradas de sucesso (alcançando o 26° lugar na Billboard 200), como eram aclamados pela crítica. A *Rolling Stone* disse que *Wings* era "um dos álbuns pop mais conceituais e sonoramente ambiciosos de 2016", enquanto a *Fuse* o listou como o oitavo melhor álbum de 2016, elogiando seus "conceitos fascinantes e produções totalmente acessíveis que não parecem deslocados no top 40 do rádio". Uau!

Eles não estavam apenas se destacando nas paradas de sucesso, mas também sendo aclamados pela crítica.

Mais uma vez, o BTS estava determinado em apresentar pela primeira vez as performances das novas faixas para seus fãs. Em novembro aconteceria seu terceiro *fan meeting* no enorme estádio de beisebol Gocheok Sky Dome, em Seul. A oportunidade era perfeita. O Army comprou todos os 38 mil ingressos para os dois dias em minutos, e não se desapontaram, pois o grupo realizou sessões de perguntas e respostas, apresentou sucessos antigos (incluindo versões infantis por J-Hope, Jin e V). Jimin fez sua estreia no rap ao lado de Suga. Os garotos mostraram suas novas coreografias e fizeram seus agradecimentos individuais aos fãs. E ninguém que esteve lá vai conseguir se esquecer do tributo de V à sua avó recentemente falecida (acompanhado das lágrimas de Jungkook) ou de ver o coro de arrepiar do Army cantando seu novo hino, "Two! Three!...".

Ainda no verão, o grupo visitara o templo de BoMunSa, na ilha Seokmodo. Lá, como muitos outros turistas, os garotos escreveram uma oração em uma placa, em que pediam que *Wings* fosse um *daebak*, ou grande sucesso. Estava começando a parecer que suas orações seriam atendidas.

Com a temporada de premiação prestes a começar, podemos perdoá-los por pensar que seu sonho do prêmio máximo, o *daesang*, poderia estar próximo. Mas eles não precisaram esperar muito tempo para descobrir. Em 19 de novembro de 2016, estavam de volta ao Gocheok Sky Dome para o Melon Music Awards. Quando o EXO ganhou o prêmio de Artista do Ano, muitos, incluindo o BTS, imaginaram que também conquistariam o *daesang* de melhor álbum. Errado! Quando *The Most Beautiful Moment in Life: Young Forever* foi anunciado como vitorioso, o olhar espantado dos meninos foi inestimável. RM se levantou, mas o resto do grupo permaneceu sentado, olhando uns para os outros, boquiabertos. V caminhou até o palco sem conseguir acreditar. "Somos nós? Nós?" E RM teve que se recompor antes de fazer seu discurso de agradecimento ao Army, à Big Hit e aos familiares. Àquela altura, Jin já estava chorando e J-Hope foi forçado a enxugar as lágrimas. E, quando se abraçaram antes de sair do palco, pareciam transbordar de alegria, alívio e união. Tinham trabalhado tanto nos últimos três anos, e significava tanto para eles finalmente serem reconhecidos daquele jeito.

Duas semanas depois, no dia 2 de dezembro, eles não só compareceram à cerimônia do MAMA, em Hong Kong, como dominaram o palco com sua performance. De Jungkook suspenso no ar e o solo de dança de J-Hope para "Boy Meets Evil", à extraordinária dança espelhada que este fez com Jimin vendado e a fascinante coreografia de "Blood, Sweat & Tears", os garotos deixaram os fãs sem a menor dúvida de quem era o artista do ano. E o MAMA iria confirmar isso exatamente com esse prêmio — seu segundo *daesang* em duas semanas. A reação deles foi tão forte quanto no MMA, com RM se esforçando para falar e, dessa vez, Jungkook e Suga sem conseguir conter as lágrimas.

Seu segundo *daesang* em duas semanas.

Em seu discurso de recebimento, RM falou que haviam passado por tanta coisa desde o *debut* e que, embora muitos tivessem duvidado de que conseguiriam, o Army acreditara neles e os ajudara a realizar seus sonhos. E terminou com um desejo: que em 2017 pudessem voar cada vez mais alto com suas belas asas.

18

ARMY: TRABALHO EM EQUIPE FAZ TODA A DIFERENÇA

Os fãs do BTS são tão importantes para o enorme sucesso do grupo quanto qualquer um dos integrantes. Eles não só adquirem os álbuns, baixam as músicas e compram todos os ingressos para os shows em tempo recorde, mas também garantem aos meninos um fluxo constante de amor, apoio e encorajamento. É por isso que, em quase todas as entrevistas e nos discursos, o BTS declara o carinho e a gratidão que sente pelo Army. Como exemplo, temos o que RM disse quando a banda ganhou o cobiçado *daesang* no Seoul Music Awards de 2018: "Obrigado por serem a razão pela qual podemos fazer isso funcionar. Tentaremos ajudá-los nem que seja um pouquinho. Obrigado, Army!" Ele não poderia ter deixado mais claro: o BTS aprecia o Army.

Em 9 de julho de 2013, um mês após seu *debut*, o BTS anunciou que seu fã-clube oficial se chamaria Army. Combinava bem com Bulletproof Boy Scouts e, como observado anteriormente, tinha seu próprio significado: Adorable Representantive MC for Youth. Assim como o próprio grupo, os fãs do BTS falariam por sua geração. Esse anúncio foi feito através de seu *fan café* online (cafe.daum.net/BANGTAN), um fórum que a maioria dos grupos de K-pop usa para se comunicar com os fãs e incentivar a troca de ideias. Ainda é um lugar importante para des-

Os fãs do BTS falariam por sua geração.

cobrir o que o grupo anda fazendo, mas a maior parte dos textos está em coreano. No entanto, traduções em diversas línguas são publicadas quase que instantaneamente no Twitter, então os fãs de outros países não precisam se sentir deixados para trás.

Por uma pequena taxa, o fã-clube oficial oferece aos assinantes a chance de participar de *fan meetings*, reservas prioritárias para shows e outros benefícios. No entanto, essas regalias ainda se destinam mais aos fãs coreanos. O período de recrutamento é geralmente em maio e há certa limitação em relação ao número de novos membros a serem aceitos. Mas você não precisa ser membro para se chamar de Army. Para isso basta amar, apoiar e seguir o grupo.

E o BTS certamente facilita essa questão de segui-los. Os prêmios top social artist conquistados pelo grupo no Billboard Music Awards, em 2017 e 2018, confirmam que nenhum outro grupo tem o mesmo nível de conexão com seus fãs. Eles estão em contato diário no Twitter através de sua conta compartilhada @ BTS_twt, de onde os próprios meninos tuítam; e @BTS_bighit é a conta oficial da Big Hit Entertainment. Quem fala inglês também pode segui-los no impressionante serviço de tradução prestado por @BTS_Trans. Os meninos frequentemente transmitem ao vivo mensagens, *skits* ou até mesmo shows inteiros pelo aplicativo V-Live, e o canal BANGTANTV no YouTube publica vários vídeos de performances, ensaios, bastidores e as às vezes bobas e frequentemente hilárias Bangtan bombs. Sua conta no Instagram, @ bts.bighitofficial, está cheio de mensagens e fotos do grupo, e sua página no Facebook, "Bangtan.official", traz postagens similares.

Os prêmios top social artist conquistados pelo BTS no Billboard Music Awards, em 2017 e 2018, confirmaram que nenhum outro grupo tem o mesmo nível de conexão com seus fãs.

É difícil estimar quantos Armys existem. Temos os cerca de 20 milhões que viram "Fake Love" no primeiro dia no YouTube (e isso contando com duas visualizações cada). Existem os mais de 30 milhões que votaram nos

BBMAs, e os 25 milhões de seguidores das contas (oficial e traduzida) do Twitter. Estamos certamente falando de mais pessoas do que a população da Austrália, e uma coisa é certa: você nunca está sozinho com o Army.

Pesquisas revelaram de onde vem a maioria dos Armys e, inesperadamente, as Filipinas ficaram em primeiro lugar, com a Coreia do Sul apenas em segundo, seguida por Indonésia, Vietnã, Tailândia, Malásia, Brasil e então Estados Unidos. No entanto, o número de fãs está crescendo no mundo todo, principalmente na Europa e nas Américas.

O Twitter emergiu como o canal favorito do Army. Em 2016, o BTS se tornou o primeiro grupo de K-pop a receber seus próprios emojis do Twitter, o colete à prova de balas, que foi atualizado para refletir o novo logotipo em 2017. O Twitter é fundamental para espalhar as notícias. Qualquer novidade sobre o grupo e cada comentário ou post deles é retuitado incontáveis vezes. Em dezembro de 2017, a banda recebeu o "tuíte de ouro" com um vídeo que ultrapassou 1 milhão de atividades: 778 mil curtidas e 374 mil retuítes. O que era? Um vídeo de treze segundos de um dos rapazes (não se sabe qual) colocando uma batata frita na boca do adormecido Jungkook!

Uma das melhores coisas sobre o Army é que eles não são uma força passiva; estão constantemente encontrando novas maneiras de apoiar o BTS. Hashtags para comemorar os aniversários dos garotos, parabenizá-los e enviar votos de melhoras são atividades comuns. O Army é capaz de colocar mensagens aleatórias nos *trending topics* também, como #ThankYouJungkook, que apareceu em janeiro de 2018 e foi seguida de mensagens semelhantes para os outros membros.

Outro apoio é prático. Entre muitos exemplos, está a colaboração de RM com Wale, que se deu depois que os fãs entraram em contato com o rapper americano, ou o lobby bem-sucedido com DJs como Adele Roberts, da BBC Radio One, a fim de persuadi-los a tocar faixas do BTS. Uma campanha de setembro de 2017, quando fãs postaram fotos de V com uma lata de Coca-Cola, resultou no grupo ser nomeado como embaixador oficial da Copa do Mundo de futebol de 2018 para a bebida. Os Army também são estratégicos: pediram aos fãs para não comprarem a mixtape *Hope World*, de J-Hope, na data de lançamento, após terem concluído que o atraso de um dia resultaria em uma classificação mais alta nos charts da Billboard.

E, é claro, o apoio mais prático que o Army dá ao BTS é através das votações. Seja em programas musicais de TV ou prêmios nacionais e internacionais, os votos online dos fãs ajudam a determinar o vencedor, e o Army tenta conseguir todos os votos possíveis através de lembretes, hashtags e encorajamento. O prêmio top social artist do BBMAs é determinado apenas pela votação pública e foi o desafio que o Army precisava para demonstrar todo o seu potencial. Em 2018, bateram o recorde mundial do Guinness que tinham estabelecido no ano anterior ao gerarem 51,72 milhões de tuítes para a hashtag #IVoteBTSBBMAs.

Assim como seus ídolos, o Army também procura ver como pode ajudar de forma mais ampla.

Assim como seus ídolos, o Army também procura ajudar de forma mais ampla. E são numerosos os exemplos de grupos locais organizando doações de caridade. Podem ser tradicionais doações de arroz para trazer boa sorte para os shows do BTS, ou pronta ação em emergências em lugares como o Nepal, onde o Army organizou pontos de coleta para arrecadar dinheiro e reunir suprimentos para vítimas de enchente. Muitas vezes esses gestos são em homenagem a algum integrante individual do BTS. Nos Estados Unidos foi feita uma doação para o Save the Children em nome de Suga; no Peru, o Army comemorou o 21° aniversário de Jungkook "adotando" um coelho-pigmeu ameaçado; e fãs coreanos adotaram cinco baleias para marcar um dos aniversários de RM.

Talvez o exemplo mais divulgado tenha sido a participação do Army na campanha Star Wars: Force for Change, em 2018. A organização prometera doar um dólar para apoiar a Unicef toda vez que as pessoas usassem a hashtag #RoarForChange nas mídias sociais. Então, sabendo que a Unicef era apoiada pelo BTS, o repórter da TV americana George Pennacchio recrutou a ajuda do Army, que, em apenas algumas horas, conseguiu tuítes suficientes para ajudar a levantar a doação máxima de 1 milhão de dólares.

Fora dos fã-clubes e das mídias sociais, o Army tem seus próprios sites de sucesso. Amino, Allkpop e Bangtan Base são alguns dos melhores.

Neles, você encontra resenhas, comentários e teorias, principalmente sobre o significado dos vídeos, mas também análises profundas das músicas, roupas, cabelo e de quase todos os aspectos de cada integrante do BTS. As discussões são muitas vezes resultado de uma pesquisa detalhada ou tradução diligente, e garantem uma leitura interessante. Naturalmente, os Armys também são criativos, e há alguns excelentes desenhos do grupo nesses sites. Também há vários sites de fanfics, mas cuidado! O conteúdo pode ser inadequado ou até mesmo perturbador para Armys mais jovens.

Uma exceção foi *Outcast*, uma fanfic que apareceu no Twitter em janeiro de 2018. A história, contada por @flirtaus através de uma série de "mensagens de texto", começou com uma troca fictícia entre J-Hope e Suga sobre uma pessoa desaparecida, e mais tarde incluiu todos os membros. Com o tempo, acabou tomando a forma de um jogo de sobrevivência de cinco noites, onde os fãs votavam a cada noite em sua resolução favorita, com mais de 300 mil pessoas seguindo a história.

Também no Twitter, no outono de 2017, um grupo de dança chamado Williams Fam postou uma coreografia original para partes da música "Go Go", do BTS. Quando o próprio BTS retuitou, o Fam decidiu criar um Go Go Challenge, inspirando os Armys ao redor do mundo a compartilharem suas próprias criações para a dança. O que é fantástico nessa vibrante comunidade online é que todo Army tem a chance de participar e sentir sua conexão com o BTS. Afinal, só os mais afortunados podem comparecer aos *fan meetings*, encontros promovidos pelas *festas*. Entretanto, como o BTS fará uma turnê mundial em 2018 e 2019, com sorte outros milhares terão a oportunidade de ver os Bangtan Boys pessoalmente.

Aqueles que nunca assistiram a um show de K-pop acham os shows ao vivo do BTS surpreendentes, com um grau de participação do público sem precedentes nos Estados Unidos ou na Europa. O BTS se empenha de coração e alma. As apresentações geralmente ultrapassam duas horas, já que incluem vídeos, um setlist cuidadosamente selecionado (que mistura músicas novas com as preferidas do público), trocas de figurino e interação com os fãs. E são os fãs que levam a experiência a um novo nível com seus *chants*, bastões de luz e cartazes.

> **E são os fãs que levam a experiência [do show] a um novo nível com seus *chants*, bastões de luz e cartazes.**

O *fan chant* mais comum é aquele que cita os nomes dos integrantes. Geralmente acontece no início das músicas ou às vezes nos intervalos instrumentais. É importante dizer os nomes na ordem correta — "Kim Namjoon! Kim Seokjin! Min Yoongi! Jung Hoseok! Park Jimin! Kim Taehyung! Jeon Jungkook!" — e terminar com um grito de "BTS!". Outros *chants* brincam com palavras ou frases nas músicas. Há *fan chants* para a maioria das músicas, com exceção dos números solo – mas geralmente fazem um *chant* nas pausas com o nome do integrante que está cantando. Se você é sortudo de ter um ingresso para um show do BTS, vale a pena conferir os *chants* no YouTube antes para praticar (o canal Mnet K-pop é um bom lugar para começar). Caso você não tenha essa chance, "BTS!" é um *chant* do qual qualquer um consegue participar.

Uma pessoa nova nesse mundo do K-pop pode ficar intrigada ao ver os milhares de pontos de luz emanando do público, e ainda mais impressionada ao notar como eles mudam de cor simultaneamente. O bastão de luz é um acessório K-pop indispensável. Cada grupo tem um, e o BTS escolheu o cinza-prateado. O bastão de luz oficial do BTS é chamado de bomba Army e tem um globo esférico na ponta de um curto bastão. A luz pode ser ajustada para permanecer ligada, piscar ou diminuir de intensidade. Nos shows, uma conexão Bluetooth sincroniza a cor da luz com as luzes do palco. O efeito é de tirar o fôlego.

Os Armys ao redor mundo criam suas próprias formas de se conectar com o grupo. Distribuem cartazes, soletram mensagens com bastões de luz ou até mesmo alteram as letras para expressar seu amor pelo grupo. Esses projetos geralmente são organizados por meio de grupos locais do Twitter ou no dia por Armys dedicados, que distribuem cartões ou instruções impressas sobre como participar.

Todas essas atividades ajudam a fortalecer o vínculo entre o Army e o BTS, mas há uma música em especial que promove essa união mais do que as outras. Quando a canção “Two! Three! (Still Wishing for More Good Days)”, presente do BTS para o Army, é tocada ao vivo, os fãs entendem que é sua deixa para se juntarem ao grupo... o que geralmente continua mesmo depois que a música termina! BTS e Army são inseparáveis; um está sempre inspirando e apoiando o outro. O BTS é um grupo que nunca vai se esquecer de seus fãs leais e dedicados. À medida que o BTS faz cada vez mais sucesso, o Army se torna mais forte e se empenha ainda mais para apoiá-los. Como o BTS diria: *“Hwaiting!”*

BTS e Army são inseparáveis; um está sempre inspirando e apoiando o outro.

BANGTAN BOMB

BTS e Army – “고민보다 GO”
~ voz perfeita ~

Se precisar de provas do relacionamento especial que o Army tem com o BTS, assista a este vídeo. Enquanto os garotos gravam seu comeback stage cantando “Go Go”, o Army participa ativamente do espetáculo. Com seus bastões de luz na mãos, e acompanhando a música com *chants* bem ensaiados, são uma parte vital do show. E o BTS sabe bem disso. As palavras de agradecimento no palco mostram o quanto apreciam a dedicação do Army.

19

ASAS SOBRE A AMÉRICA

Em sua mensagem de Natal de 2016 no V-Live, o BTS mencionou "A Typical Trainee's Christmas", uma música gravada há quatro anos que falava sobre as dificuldades que enfrentavam. Por um segundo pareceram perceber como haviam chegado longe. Quando falaram das cartas que tinham enviado da Aldeia do Papai Noel, na Finlândia, aqueles que conseguiam se lembrar do que haviam escrito (as cartas ainda não tinham chegado!) revelaram que tinham desejado um *daesang*. Seis meses depois, ali estava o BTS com dois deles!

Em 19 de janeiro de 2017, apesar de ter levado para casa a maior parte dos prêmios do noite no Seoul Music Awards, incluindo um *bonsang* (melhor álbum) por *Wings*, melhor MV por "Blood, Sweat & Tears" e melhor performance masculina de dança, o BTS perdeu o grande prêmio, *daesang*, para o EXO. A história fora semelhante alguns dias antes no Golden Disc Awards, mas não importa. Na Mundo Bangtan, tem sempre algo acontecendo.

O BTS estava sempre nas manchetes agora, com todas as novidades que vêm junto com a fama. Em janeiro, foi noticiado que o BTS e a Big Hit Entertainment tinham doado sigilosamente uma quantia substancial para as instituições de caridade ligadas às famílias do desastre da balsa Sewol, em 2014. A balsa afundou, matando mais de trezentas pessoas, a maioria alunos do ensino médio em uma excursão para a ilha de Jeju, um dos locais que o BTS mais gostava de visitar. Cada membro havia doado ₩ 10 milhões (cerca de US$ 8.500) e a Big Hit acrescentara cerca de ₩ 100 milhões (US$ 85.000). Por que o segredo? Simplesmente porque não tinham feito isso para obter publicidade. Era apenas algo que desejavam fazer.

Agora era hora de um *minicomeback*. As fotos-conceito tinham um clima bem diferente das de *Wings*. Muito mais descontraídos, os meninos posaram diante de um prédio antigo salpicado de tinta, enquanto caía uma chuva de confetes multicoloridos. Depois apareciam em um ponto de ônibus, contra o azul do céu e do mar. Estavam felizes, com roupas coloridas casuais, e alguns tinham pintado o cabelo novamente. Suga exibia mechas azuis, RM ostentava um tom desbotado de roxo e Jimin, um cor-de-rosa algodão-doce.

No dia 13 de fevereiro, o BTS lançou um novo miniálbum de quatro faixas chamado *Wings: You Never Walk Alone*. Em um vídeo de sessenta minutos no V-Live — boa parte tomada por uma hilária partida de Twister —, explicaram que o look casual e mais jovem (J-Hope agora estava loiro) tinha sido planejado para refletir as novas histórias que estavam contando naquela continuação especial de *Wings*. As quatro novas faixas tinham sido escritas por integrantes do grupo e, segundo eles, eram mensagens de consolo e esperança.

Mais uma vez estavam experimentando coisas novas no terreno da música.

Pouco mais de uma hora depois, foi lançado o MV de uma dessas faixas, "Spring Day". Mais uma vez estavam experimentando coisas novas no terreno da música, com um estilo *indie rock* permeando as batidas de costume e o som de música eletrônica. Não é uma de suas músicas mais chicletes, mas a *vocal line* preencheu a melodia com muita emoção.

O vídeo, em tons pastel e apresentando contrastes entre luzes fortes e suaves, inclui uma viagem de trem, uma montanha de roupas, Jimin carregando os tênis de alguém e um hotel chamado Omelas, uma referência a um conto de Ursula K. Le Guin, em que a felicidade do habitantes de uma cidade com esse nome depende da miséria perpétua de uma única criança. Naturalmente, os Army criaram diversas teorias fascinantes sobre o significado disso tudo. Quando perguntado se a música falava sobre a tragédia da balsa Sewol, RM, que escrevera as letras com Suga, admitiu ter lido essa sugestão, mas explicou: "Cada espectador pode ter uma interpretação diferente da música. Portanto, queremos deixar isso em aberto."

"Spring Day" foi um sucesso instantâneo! O número de downloads chegou inclusive a travar o site do Melon. A música chegou ao primeiro lugar nos charts do iTunes de treze países diferentes e o oitavo lugar no chart do iTunes americano, fazendo com que o BTS se tornasse a primeira banda de K-pop a entrar nos top 10.

"Spring Day" foi um sucesso instantâneo! O número de downloads chegou inclusive a travar o site do Melon.

Enquanto o mundo ainda digeria este último presente, o BTS lançou outra faixa explosiva. Diferente do hit da semana anterior, "Not Today" foi uma turbulenta demonstração de poder e energia. O videoclipe focava na coreografia, mas a Big Hit também publicou um vídeo de dança de oito minutos, em que, apoiados por um exército formado por cinquenta pessoas com capuzes pretos, o BTS troca os passos elegantes por movimentos e pulos bruscos e rápidos com precisão militar, em outra obra-prima de Keone Madrid. Instigador e provocante, o vídeo passa a mensagem de que podemos perder no futuro, mas não hoje. Hoje nós lutamos.

You Never Walk Alone foi lançado em duas versões, e contendo diferentes fotos. A versão cor-de-rosa tem uma foto do prédio velho manchado de tinta, e a versão verde, um ponto de ônibus vazio. É claro que os cadernos trazem diversas fotos das respectivas sessões. Além disso, temos os cartões e pôsteres de costume.

Além das duas faixas lançadas, havia outras duas no álbum. "Interlude: Wings" recebeu um remix, um *dance break* e um novo verso de J-Hope para se tornar "Outro: Wings", enquanto a última faixa do álbum é completamente nova. "A Supplementary Story: You Never Walk Alone" explicita a mensagem dessa segunda parte. A faixa, com um rap descontraído e vocais no estilo BTS, em que Suga e J-Hope até mesmo cantam algumas das linhas de seu rap, tem uma letra reconfortante depois das duras verdades destacadas pelas outras canções. "Se continuarmos juntos, ficaremos bem", diz a música.

BANGTAN BOMB

A vitória de "봄날", do BTS @ Music Bank (apresentando a nova dança de 봄날 por Jin)

O BTS só promoveu "Spring Day" por uma semana. Ainda assim, conseguiu ganhar quatro prêmios de programas de música. Esta Bangtan bomb mostra filmagens dos bastidores da terceira dessas vitórias, no *Music Bank*. Os agradecimentos ao Army são sinceros e divertidos, mas a verdadeira atração está na segunda parte do vídeo, quando Jin tenta coreografar uma dança para "Spring Day" para encerrarem o show. Se quiser ver como ficou quando apresentaram essa coreografia para valer, também pode encontrar esse vídeo no YouTube.

O BTS Live Trilogy Episode III: The Wings Tour, de 2017, começou nos dias 18 e 19 de fevereiro, com dois shows em sua nova "casa": o Gocheok Sky Dome, em Seul. Durante a apresentação, fizeram uma pausa para que cada membro pudesse agradecer aos fãs pelo *daesang* que haviam conquistado juntos. Suga poeticamente disse que o BTS era uma asa e o Army, a outra. Dessa maneira, só conseguiriam voar juntos. Jin brincou que a beleza de Suga devia ser contagiosa, porque se espalhara para os outros ao longo dos anos. E RM falou que lia as cartas do Army e sentia que estavam caminhando juntos para o futuro. Mas foi J-Hope quem fez todo mundo chorar, ao contar que era seu aniversário (isso eles já sabiam!) e que se sentia privilegiado por sua mãe estar ali para ouvir seu solo, uma música dedicada a ela.

Em março, o BTS levou a turnê para as Américas. Primeira parada: Chile. Quando haviam tocado no Chile, em 2015, tinham vendido a metade dos ingressos para a Moviestar Arena. Dessa vez, fariam um show para a arena cheia e agendaram uma segunda apresentação. A recepção calorosa dos fãs no aeroporto, em frente ao hotel em Santiago e na arena mostrou que o Army chileno era tão apaixonado quanto qualquer outro do mundo.

O *New York Times*, inclusive, escreveu um artigo sobre como a comoção dos fãs chilenos pelo BTS superara até mesmo a gerada por grupos como One Direction. RM explicou: "Falamos sobre nossos problemas e conflitos o mais honestamente possível nas músicas... Acreditamos que os fãs chilenos se conectem a esses valores, talvez um pouco mais profundamente do que os fãs de outros países."

A comoção dos fãs chilenos pelo BTS superara até mesmo a gerada por grupos como o One Direction.

Saindo um pouco da turnê, o BTS foi à Cidade do México para inaugurar a primeira KCON na América Latina, uma experiência bastante intensa. Os Armys se deram as mãos para formar sua própria guarda de honra no aeroporto, e a banda agitou a arena com vários sucessos, antes de participar do jogo Hora da Piñata da KCON, em que realizavam tarefas selecionadas por uma figura de piñata que aparecia na tela, incluindo soprar beijos para o público e fazer uma série de poses para os fãs tirarem fotos.

Aproximadamente 8 mil Armys esperavam pelo grupo no aeroporto no Brasil. Na verdade, tantos fãs apareceram que os garotos foram obrigados a sair escondidos por uma outra porta! Se levarmos em conta que o Citibank Hall (atual Credicard Hall) tinha capacidade para apenas 7 mil pessoas, com certeza haveria alguns fãs desapontados, mas aqueles que foram aos shows testemunharam algo especial. O grupo diria mais tarde ao site Distractify que a dança sincronizada dos fãs foi um destaque da turnê: "Centenas de fãs estavam dançando conosco, como num flash mob", disseram eles. "Foi incrível!"

Um momento em particular ficou na história do BTS. No solo "Reflection", de RM, há uma linha recorrente em que ele canta que gostaria de poder se amar. Toda vez que ele cantava essa parte na primeira noite em São Paulo, o Army respondia em um tom ensurdecedor: "We love you!" [Nós amamos você!]. Na noite seguinte, mostrando que ouvira os gritos dos Armys, ele mudou a letra para "Yes, I do love myself". No mundo das mídias sociais do BTS, as notícias correm rápido. No show seguinte (e pelo resto da turnê), esse momento especial seria repetido entre RM e o Army várias e várias vezes por todo o mundo. Obrigado, Brasil!

Em 2017, *Run BTS!* retornou com mais alguns episódios. "High School Skit" (episódio onze) mostra os rapazes sorteando seus papéis para atuar em um drama que se passa numa sala de aula do ensino médio, e então temos: V como nerd, J-Hope emo e RM bonzinho, mas meio lento, competindo para conquistar o coração de uma nova estudante, interpretada de forma memorável por Suga! O episódio 23 também é imperdível. Os meninos do BTS adoram seus cães, então ficam muito felizes quando são colocados juntos com um amigo canino. Depois que cada cão escolhe um integrante, eles passam algum tempo fazendo amizade com os bichinhos antes de competirem em uma série de provas. É incrível ver a química e o carinho desenvolvidos entre os meninos e os cães em tão pouco tempo.

BANGTAN BOMB

Jungkook vai para a formatura do ensino médio com o BTS!
(방탄소년단)

Ahhh! O *maknae* fica tão lindo com sua roupa de formatura quando vai pegar o certificado do ensino médio. Como se sua faixa solo "Begin" já não deixasse seu amor pelos outros integrantes bem claro, note a empolgação dele em ver os colegas comparecerem à sua cerimônia – e a entusiasmada expectativa pela comemoração com Jajangmyeon, um tipo de macarrão servido com molho doce, feito de pasta de feijão-preto.

Você também precisa ver o episódio 31, em que eles participam de jogos de antigos shows de variedades. Espectadores não coreanos podem achar meio confuso, mas avance para a metade do vídeo, quando os rapazes fazem o "Jogo meio adormecido" em que dormem por trinta minutos e precisam se lembrar de uma música infantil ao acordar, neste caso "The Cool Tomato Song". Nós os vemos de pijama, em sono profundo — Jungkook não acorda nem quando cai da cama inflável! — e depois são acordados e têm de cantar. É realmente uma pérola do BTS.

BTS Gayo também voltou com mais jogos e desafios. Os garotos se revezavam para desenhar e descobrir músicas do K-pop, participavam de um K-pop quiz e tinham que adivinhar e cantar músicas infantis. A faixa quinze é uma das melhores. Filmada inteiramente em um hotel, no Chile, durante a turnê de *Wings*, o grupo é desafiado a fazer o próprio videoclipe. Com RM como diretor, Jungkook na câmera e Jin como coreógrafo, filmam um MV para "Spine Breaker" em seus quartos, no restaurante e até no elevador. O resultado não é exatamente "DNA", mas foi muito divertido de fazer!

Após terem alcançado o tão desejado sonho do *daesang*, o novo objetivo do BTS estava a milhares de quilômetros de distância. Eles queriam fazer sucesso nos Estados Unidos. Queriam a glória do chart da Billboard e encher estádios como Beyoncé ou Justin Bieber. E já estavam a caminho disso. O BTS tinha entrado para Billboard 200 e para o top 10 de singles do iTunes. Mais uma prova do interesse americano veio antes da turnê, quando Wale e RM fizeram juntos o rap "Change", carregado de mensagens sociais e políticas.

O novo objetivo do BTS estava a milhares de quilômetros de distância. Eles queriam fazer sucesso nos Estados Unidos.

Quando os ingressos para suas apresentações em Newark, Nova Jersey (23 de março), e Anaheim, Califórnia (1° de abril), se esgotaram em questão de horas, até mesmo os produtores da turnê foram pegos de surpresa. Foi então acrescentada rapidamente mais uma noite em cada local, e ainda encaixaram uma noite em Chicago entre os dois ao perceberem como o grupo tinha se tornado popular. Ao todo, foram vendidos 60 mil lugares em todo o país. "Nós sempre desejamos ser populares nos Estados Unidos, mas achávamos que era só um sonho", disse RM ao *Orange County Weekly* antes do show em Anaheim. "Mesmo depois de ouvirmos sobre a Billboard, ainda não sabíamos que poderíamos lotar apresentações por cinco noites. Então, é tipo: 'OK, o que está acontecendo?' E todos [no grupo] agora acham que deveriam aprender inglês!"

À exceção de RM, o inglês deles não havia melhorado substancialmente, mas todos fizeram um esforço para se comunicar com o fãs. Em Chicago, Jungkook anunciou: "Estamos muito, muito longe, mas sempre estaremos juntos." RM se divertiu ao dizer que ele havia ensaiado essa frase "um milhão de vezes". Mas a falta de fluência certamente não os impediu de desenvolver um relacionamento fabuloso com o Army norte-americano.

"Estávamos com medo de nos apresentar sozinhos nos Estados Unidos", desabafou RM ao *Orange County Register.* "Mas depois que estávamos no palco, o medo desapareceu. Os fãs são como amigos, cantando junto todas as letras. Até os raps." O Army norte-americano até desenvolveu uma maneira própria de demonstrar sua afeição. Depois que o grupo terminou a apresentação, além de pedirem bis, os Armys cobriram seus bastões de luz e as luzes dos telefones com sacos coloridos, criando um incrível efeito de arco-íris por toda a área do show.

Para os acostumados a assistir a apresentações de grupos norte-americanos, as performances foram surpreendentes. Não só o vínculo entre os fãs obstinados e o grupo era diferente de qualquer coisa que tinham visto antes, mas a energia e a sincronização perfeita ao longo de um exaustivo show de duas horas foram incríveis. Não é de admirar que centenas de espectadores meramente curiosos tenham deixado os locais de apresentação como fãs.

A energia e a sincronização perfeita ao longo de um exaustivo show de duas horas foram incríveis.

Em seguida, o BTS deixou a costa americana para levar a turnê *Wings* até a Tailândia, Indonésia, Filipinas e Hong Kong — onde foram recebido com o mesmo entusiasmo. Algumas semanas depois, em 21 de maio, estavam de volta aos Estados Unidos, dessa vez em Las Vegas, no tapete magenta do Billboard Music Awards. Sua presença significava que estavam sendo realmente notados, ainda que muitas pessoas não os reconhecessem, como ficou claro quando Jin recebeu comentários sobre sua bela aparência no Twitter sob a hashtag #ThirdOneFromTheLeft (#TerceiroDaEsquerda).

O BBMAs é uma das principais cerimônias de premiação musical nos Estados Unidos e nunca um grupo de K-pop tinha sido indicado para um prêmio antes — muito menos havia ganhado. Então era compreensível a perplexidade do BTS ao receber o top social artist award, um prêmio decidido pelos fãs, que havia sido conquistado por Justin Bieber nos seis anos anteriores. Quebrando todos os recordes, o BTS recebeu impressionantes 300 milhões de votos online. Muitos fãs, sem dúvida, votando mais de uma vez.

> **O BTS recebeu impressionantes 300 milhões de votos online.**

Por todo o país, artistas estavam começando a perceber quem eram os meninos do BTS. Halsey e The Chainsmokers foram fotografados com eles na premiação, Suga revelou que conheceu o rapper Drake e V se gabou dizendo que Celine Dion convidou o grupo para o seu show quando soube que ele era um fã de longa data. Entre os outros que se declararam fãs, temos a cantora Camila Cabello, que tuitou: "Eles são tãoooo fofos", e os atores Ansel Elgort e Laura Marano.

Ainda zonzos e felizes alguns dias depois, os meninos puderam agradecer pessoalmente a alguns dos Armys quando, em 26 de maio, levaram a turnê de *Wings* para Sydney, na Austrália. Era sua segunda visita ao país, mas logo ficou claro que o número de fãs se multiplicara. Os ingressos haviam se esgotado em poucas horas, e a multidão no Qudos Bank Arena era seis vezes maior do que o público da Red Bullet.

Um dos integrantes do grupo tem um carinho especial pela Austrália. RM passou algum tempo lá com a família quando era mais jovem, e as primeiras palavras que disse no palco foram: "G'day mate!" Mais tarde, reprisou seu sotaque australiano e encerrou o show dizendo: "Sabe, preciso dizer que vocês vivem em um país muito bonito. Fui ao Opera House ontem e vi pessoas sentadas na grama, e o mar e o vento... era tão, tão legítimo. Então, se eu não puder morar na Coreia, quero morar na Austrália!" Os fãs australianos saborearam cada segundo do show, reagindo com gritos histéricos aos últimos sucessos e ao medley "através da história do BTS" (© Jin). Os Bangtan Boys tinham, se não conquistado, pelo menos se estabelecido firmemente em outro país.

Em 29 de maio de 2017, fizeram um retorno triunfal a Seul, parando para uma coletiva de imprensa em que posaram com seu troféu BBMA e falaram humildemente sobre o incrível sucesso nos Estados Unidos. Inevitavelmente, a pergunta sobre até onde iriam para alcançar um sucesso ainda maior nos Estados Unidos foi levantada, como seria muitas vezes ao longo do ano seguinte. Eles gravariam uma música em inglês? RM respondeu que não estavam planejando debutar oficialmente nos Estados Unidos porque queriam continuar fazendo o que faziam de melhor. "Queremos continuar com nosso rap em coreano e a fazer coisas que só o BTS pode fazer, em vez de mudar de repente para atender um novo mercado." A integridade sempre fora uma característica essencial do BTS; e era reconfortante para os Armys do mundo inteiro saber que eles ainda não estavam preparados para abrir mão dessas coisas.

20

É SUA ERA AGORA

Parecia que os fãs nos Estados Unidos, Reino Unido e Austrália ainda teriam que esperar um pouco por uma música do BTS em inglês, mas as edições japonesas estavam provando ser um golpe de mestre da Big Hit. "Chi, Ase, Namida", a versão japonesa de "Blood, Sweat & Tears", foi lançada em maio de 2017 com um novo MV, uma alternativa colorida e psicodélica do original coreano. A faixa imediatamente se igualou a "For You", alcançando o topo da Billboard Hot 100, do Japão, e os charts da Oricon. Não era um mau começo para o grupo em seu novo selo musical no Japão, o lendário selo de hip-hop Def Jam, lar de Justin Bieber e Kanye West, entre outros.

Entre o final de maio e o início de julho, os meninos se apresentaram em treze shows *Wings* para cerca de 145 mil fãs por todo o Japão. Como um grupo estrangeiro, o BTS estava quebrando recordes de vendas no país e seu nome estava se tornando cada vez mais familiar por lá. Eles até mesmo apareceram pela primeira vez em um programa de variedades japonês, *Sukkiri*, em que demonstraram seu conhecimento da língua japonesa e apresentaram "Chi, Ase, Namida".

Durante a turnê, o BTS foi convidado a ir ao famoso Estádio Koshien para assistir aos Hanshin Tigers jogarem beisebol com os Nippon-Han Fighters. Fora J-Hope, que estava com seu número "7" da sorte, e Jimin com o "13" do seu dia de nascimento, os meninos usaram camisas de beisebol dos Tigers com o ano de nascimento de cada um como número. Jungkook foi escolhido para fazer o arremesso inicial diante de um estádio lotado. O *Maknae* de Ouro provou que o beisebol pode ser um de seus muitos talentos, já que, para o deleite de quem assistia, fez um ótimo arremesso. Esse é o Jungkook... perfeito em tudo!

Esse é o Jungkook... sempre perfeito!

Eles podiam estar no Japão, mas o BTS não se esqueceria de sua *festa*. Junho de 2017 marcava seu quarto aniversário e, como nos três anteriores, eles queriam comemorar com seu amado Army. As celebrações começaram com uma seleção de fotos do ano em um álbum no Facebook, o *cover* agora adorado que Jungkook e Jimin fizeram de "We Don't Talk Anymore", de Charlie Puth e Selena Gomez, e o lançamento no YouTube de dois vídeos de coreografias: os ensaios de "Not Today", usando um ginásio em vez do habitual estúdio de dança, e "I Like It Pt. 2". Então uma surpresa! Os rapazes publicaram um vídeo incrível de sua apresentação ao vivo em Sydney. A gravação mostra não apenas a visão que o grupo tinha do Army a plenos pulmões, mas também close-ups deles se divertindo no palco e interagindo com a câmera.

As tradicionais fotos de família proporcionaram a diversão habitual, incluindo uma atualização hilária de sua foto de 2014, usando uniformes e óculos escuros (que comecem os gritinhos de "como eles cresceram!").

O clímax foi sua "*festa* em casa" na Coreia, uma comemoração íntima no Woori Art Hall no Parque Olímpico, em Seul. Os mil ingressos foram vendidos apenas para quem se juntara ao fã-clube recentemente, embora o show também tenha sido mostrado ao vivo (e ainda esteja disponível com legendas em inglês) no V-Live.

Após uma divertida introdução filmada em que reencenam o vídeo de "Blood, Sweat & Tears" em seu dormitório, os garotos se uniram em grupos com seus colegas de quarto: equipe R&V (RM e V), equipe 3J (J-Hope, Jimin e Jungkook) e equipe Sin (Jin e Suga). Ao longo do show, eles participam de jogos, de questionários sobre seus colegas de quarto e fazem performances em equipe. A equipe R&V se apresentou com uma música composta por eles, "4 O'Clock"; a equipe 3J cobriu várias coreografias de dança urbana; e a contribuição da equipe Sin foi Jin cantando o rap "Nevermind", de Suga, e Suga cantando "Awake". Por fim, após revelarem fotos fofas de cada um deles quando bebês, o público ganhou de presente um divertido *medley* infantil de alguns de seus sucessos.

BANGTAN BOMB

Ensaio para a celebração em casa. Apresentação da Unit

Uma Bangtan bomb mais longa do que o normal, esta série de clipes mostra o time 3J da celebração em casa praticando seus movimentos para a ***festa extravaganza***. Além de ser difícil deixar de rir ao vermos os garotos se divertindo, também dá para termos uma ideia de como se empenharam para que a coreografia ficasse perfeita – e o quanto amam dançar, seja no estúdio, nos bastidores do Billboard Music Awards de 2017 ou no quarto de hotel de J-Hope (com Jimin ensaiando de roupão e máscara facial!).

No verão de 2017, uma segunda série do *Bon Voyage* chegou ao canal V-Live. Dessa vez a viagem foi para o destino dos seus sonhos: o Havaí. Os meninos vestem suas camisas havaianas e chapéus de palha e, ao longo de oito episódios, nós os vemos se divertindo juntos, brincando de esconde-esconde pelo hotel, fazendo snorkel e observando as estrelas depois de assistirem a um pôr do sol incrível.

Não passam por nenhuma das dificuldades e atribulações que tiveram na viagem nórdica, mas são forçados a ser autossuficientes quando se trata de pedir suas refeições na Ken's House of Pancakes. Jimin "de alguma forma" consegue a ajuda de uma garçonete. Divididos em equipes, eles precisam encontrar o caminho até a pousada em Oahu. É lá que as aventuras cheias de adrenalina realmente começam, com um passeio de helicóptero sobre um vulcão ativo — com Suga sentado ao lado da porta aberta! — e um mergulho numa gaiola com tubarões.

E a diversão não para por aí. Antes de voltar à vida de ídolos, eles aproveitam para passear pela estrada costeira em quadriciclos e, em uma noite com tema polinésio, J-Hope, Jimin e V são convidados ao palco para uma dança Bangtan havaiana, tudo perfeitamente sincronizado, é claro. O último episódio mostra o BTS em um passeio de barco. V fica maravilhado quando o capitão lhe passa o leme. No entanto, no momento em que ele aumenta a velocidade, os outros parecem bastante alarmados.

Felizmente, tudo se acalma antes do final do passeio. Cada um deles escreveu uma carta para um dos outros, e o vídeo fica bastante emotivo quando se lembram de como se conheceram e revelam o que significam um para o outro. A carta que mais derrete corações é a de V para Jimin, em que descreve como o amigo nascido no mesmo ano que ele o ajudou ao longo dos anos. A maioria dos Armys vai assistir à festa final no barco com olhos cheios de lágrimas.

Enquanto as *festas* dão ao BTS a oportunidade de retribuir o amor e o apoio dos fãs, em pouco tempo puderam pagar uma dívida diferente quando foram convidados a participar das comemorações do 25° aniversário de Seo Taiji and Boys, o grupo que iniciara todo o fenômeno K-pop. Em 1992, a faixa de rap-rock "I Know" entrou para os charts coreanos ao lado dos tradicionais *trots* e baladas. Logo, a música foi para o topo dos charts, em que ficou por dezessete semanas. Nada jamais seria o mesmo. Não só o som deles era diferente, como cantavam letras desafiadoras que refletiam as frustrações dos jovens. Lembrou alguém?

Yang Hyun-suk e Lee Juno deixaram o grupo em 1996. Anos mais tarde, Yang Hyun-suk abriria a YG Entertainment, uma das Big Three. E, ao longo das duas décadas seguintes, Seo Taiji continuou a expandir as fronteiras musicais e agora recebia seu reconhecimento como padrinho do K-pop com um álbum, *Time Traveler*, que trazia remakes de suas músicas e um show especial em Seul. Os meninos do BTS foram convidados de honra dos dois.

No álbum, o BTS revisitou o clássico de 1995 "Come Back Home". Um rap sombrio e corajoso, o original falava das pressões que fizeram tantos adolescentes coreanos fugirem de casa, por isso parecia certo que o BTS, com um estilo que remetia a "No More Dream" e "N.O", tivesse incluído suas próprias partes de rap e um pouco de magia lírica Bangtan, além de uma introdução em falsete de Jin, em um revigorante retrabalho da música.

Em 3 de setembro de 2017, diante de 35 mil fãs no Estádio Olímpico, Taiji (muitas vezes apelidado de "Presidente da Cultura" na Coreia do Sul) relembrou sua impressionante coleção de sucessos. No lugar dos Boys estava o BTS, revezando-se para servir como *backing vocals* ou dançarinos para o seu herói. Nos ensaios, os meninos se dirigiam a ele como "Pai", mas o respeito era recíproco. Em um intervalo do show, Taiji elogiou as conquistas do BTS e os anunciou como seus sucessores, declarando: "É sua era agora."

Taiji elogiou as conquistas do BTS e os anunciou como seus sucessores, declarando: "É sua era agora."

Se isso significava que o BTS liderava a atual geração de grupos de K-pop, então sua mudança de logotipo e nome no verão refletia sua posição como força global. Eles ainda seriam o BTS, mas em inglês as letras agora significariam "Beyond the Scene" — uma maneira de se apresentar ao mundo de língua inglesa. Ao mesmo tempo, lançaram novos logotipos complementares para o BTS e para o Army. Eram pares de quadriláteros simples, mas estilosos, representando portas; as portas pelas quais a juventude passa para a idade adulta. Tanto o grupo quanto o Army estavam prontos para um novo capítulo na jornada do BTS.

Ainda em maio, no Billboard Music Awards 2017, nos Estados Unidos, RM anunciara em seu discurso de recebimento: "Por favor, Army, lembre-se do que dizemos. 'Love myself, love yourself'." (Amo a mim mesmo, ame a si mesmo). Essa frase foi lembrada três meses depois com o *comeback* de *Love Yourself*. Tudo começou com pôsteres de cada um dos integrantes do grupo, o primeiro dos quais chocou o Army ao mostrar Jungkook em uma cadeira de rodas. Cada cartaz vinha acompanhado por uma breve declaração pessimista e noção pessoal do amor, como "Eu menti, porque não há razão para amar alguém como eu" ou "Não se aproxime, isso só fará você infeliz". Outro conjunto de cartazes emparelhava os meninos em fotos claras e escuras, embora, como sempre, Jin estivesse sozinho.

Quatro vídeos curtos (agora disponíveis compilados em treze minutos) foram lançados depois das imagens. Como em vídeos anteriores, eram carregados de simbolismo e referências a histórias anteriores e, embora tenham provocado uma enxurrada de interpretações online do Army, também continham uma narrativa que pode ser simplesmente apreciada. Os vídeos mostram cada um dos integrantes do grupo como um garoto comum (ainda que um garoto comum com uma franja linda, roupas casuais estilosas e uma pele incrível) em uma situação romântica conturbada. Fora J-Hope e Jimin, cada um está atraído por uma mulher diferente, mas, à medida que essas histórias se desenrolam, insegurança, timidez, ciúmes, frustração e até mesmo tragédia frustram o curso do amor verdadeiro. E, para aqueles que ainda estão preocupados, Jungkook acaba se levantando.

O miniálbum *Love Yourself: Her* foi lançado em quatro versões (*L*, *O*, *V* e *E*). Por isso, quatro sessões de fotos foram feitas. Nada de olhos esfumaçados ou penteados marcantes dessa vez. O look é natural e os cortes de cabelo, semelhantes. Jimin, Jin, V e Jungkook exibem cores sutis, e J-Hope é o que chama mais atenção com uma cor que as fãs chamam de "pumpkin spice".

Nas sessões de fotos *L* e *O*, os rapazes usam cores suaves e as imagens são relaxantes, enquanto as *V* e *E* são mais vibrantes e eles usam um look casual esportivo colorido. Enquanto isso, o trailer trouxe um solo sonhador com Jimin (de cabelo loiro!) em um cenário que combinava uma sala ofuscantemente branca com oceanos e galáxias. Em um artigo da revista *Vogue*, Suga explicou: "É sobre meninos se apaixonando. Existem quatro versões do amor e fizemos quatro sessões de fotos diferentes para mostrá-las. Embora cada uma seja diferente, percebe-se o mesmo sentimento de amor. As fotos passam uma sensação de amigos se divertindo confortavelmente em casa em seu livre tempo, e essa agitação interna."

Foi o visual colorido (além dos jeans desbotados e da fabulosa jaqueta Gucci de lantejoula de Jimin) que conduziu o vídeo centrado na coreografia para a faixa principal, "DNA". Os meninos usam roupas bem coloridas contra um caleidoscópio de fundos que mudam de estilo retrô de computador para linhas coloridas, espirais, espaço sideral, padrões geométricos e neon.

A coreografia é bem impressionante: controlada, às vezes intrincada, e entremeada por um série de movimentos rápidos. A *Billboard* divulgou que, quando apresentaram essa música no American Music Prêmios (AMAs) em 19 de novembro, as câmeras não conseguiam acompanhar o ritmo de seus passos. Alguns diziam que aquela era a coreografia mais difícil do grupo até o momento, e V brincou em um vídeo do V-Live: "Nós dominamos essa coreografia difícil depois de praticar por mais de quatro horas, mas J-Hope conseguiu em dez minutos."

As câmeras não conseguiam acompanhar o ritmo dos passos.

Em suas coletivas de imprensa e entrevistas, ficava claro que o BTS via *Love Yourself: Her* como o começo de uma nova era. RM se referiu ao álbum como o "segundo capítulo" do grupo e deixou uma mensagem no *fan café* dizendo que seria um divisor de águas para o BTS. O álbum é extremamente confiante e estilisticamente abrangente, incluindo colaboradores além de seus produtores usuais. Como anunciado, falam sobre os sentimentos arrebatadores mas inquietantes de jovens que se apaixonam, mas também usam letras de gênero neutro pela primeira vez, reconhecem (e até provocam) seus fãs, e incluem uma faixa voltada diretamente para sua geração.

O BTS via *Love Yourself: Her* como o começo de uma nova era.

Quando o álbum foi lançado, em 18 de setembro de 2017, naturalmente já se conhecia a faixa inicial em razão do *teaser*. Era a primeira vez que essa tarefa tinha sido confiada a um vocalista, e o privilégio coubera a Jimin. Ele canta "Serendipity", descrita como uma "música urbana de estilo descontraído" e que fala sobre um perfeito amor predestinado. Esse tema também é tratado na faixa principal, "DNA". O assovio cativante de Jungkook na introdução ainda é ouvido quando a música começa para valer com uma faixa EDM acústica e um *breakdown* do *rap* e do *vocal lines* de costume.

No Billboard Awards, The Chainsmokers compartilhara uma foto junto ao BTS com a legenda: "Amamos esses caras." Quando a banda americana tocou na Coreia, o BTS se juntou a eles no palco para uma apresentação de "Closer". Nascia, assim, uma colaboração que aparecia no álbum. "Best of Me" é uma clássica música eletrônica: um hino com um refrão fácil de gravar e bem para cima.

"Dimple" usa a melodia de "Illegal", de Allison Kaplan, mas com letra de RM, o cara que tem as covinhas mais comentadas do BTS. Entretanto, quem canta, tornando-a doce e sensual, é a *vocal line*, com destaque para Jin. Em seguida, temos "Pied Piper", uma ode aos seus fãs... ou não? Tamar Herman, da *Billboard*, afirmou que era "a canção mais subversiva da carreira deles, em razão da provocação à cultura de fãs que ajudou o grupo a prosperar". Ao longo dessa melodiosa música, o grupo provoca o Army, explicando que são uma terrível distração para as tarefas da escola e outros aspectos importantes da vida, mas, ao mesmo tempo, celebrando o quanto são irresistíveis.

"Skit: Billboard Music Awards Speech" não é, de fato, um *skit*, mas uma gravação do histórico triunfo do BTS no BBMAs do ano anterior, desde o anúncio do vencedor e os gritos dos fãs ao discurso de recebimento de RM, o que nos leva a "MIC Drop". Aqui a *rap line* retorna com força total com uma música inspirada no *mic drop* do presidente Obama em seu último jantar dos correspondentes na Casa Branca. O rap pretensamente apologético (desculpe, não somos o fracasso que vocês previram) é uma atualização do antigo som do Bangtan, realçado por um refrão que não sai da cabeça.

O BTS se esqueceu de sua consciência social? Claro que não. E a faixa seguinte, "Go Go", prova isso. Pode ter um som disco suave com influência tropical da moda, mas a letra é forte. Em contraste com a música, as palavras são inflamadas e desafiadoras, condenando a sociedade por deixar a geração jovem desprovida de ambição e expectativas, levando-a a buscar alguma emoção na ideia de que só se vive uma vez (YOLO: you only live once); ou ainda, gaste agora e se preocupe depois.

O álbum se encerra com "Outro: Her", em que, sobre um e tranquilo instrumental, a *rap line* parece tão descontraída que estão praticamente cantando. Eles não ficam se revezando no microfone. Há apenas um verso estendido para cada um dos três mostrar seu próprio estilo e explicar o que pensa sobre as incertezas de se estar apaixonado. E assim o álbum termina, após trinta minutos de diversos estilos em que o grupo forja novas ideias, sons e caminhos.

O álbum físico presenteou os fãs com mais duas, que o BTS sentia que não se encaixavam no conceito de "amor", mas mereciam ser incluídas. "Skit: Hesitation and Fear" é uma das suas conversas mais reveladoras. Você vai descobrir como tinham medo de nunca debutarem, que não levavam as aulas de inglês ou japonês muito a sério, e que é muito angustiante aprender a lidar com o sucesso. A faixa "Sea", composta e produzida principalmente por RM, aborda alguns desses temas com rap e vocal no estilo clássico do BTS, girando em torno do refrão "Onde há esperança, há provações". E aqui termina mesmo o álbum.

Em 21 de setembro de 2017, o BTS fez seu show oficial de *comeback* com uma transmissão ao vivo em que apresentaram "MIC Drop", "Go Go" e "DNA", do álbum, assim como "I Need U" e "No More Dream". Durante a apresentação, os garotos falaram sobre o álbum, e vimos também alguns filmes divertidos mostrando-os em casa e suas lembranças dos primeiros dias do BTS, incluindo reencenações de suas audições.

BANGTAN BOMB

Ensaio para Go Go (Versão Dia das Bruxas)

Este especial para o Dia das Bruxas de 2017, em que a Branca de Neve e os seis anões dançam a coreografia de "Go Go", é a Bangtan Bomb mais popular de todas, com mais de 50 milhões de visualizações. O que não é nenhuma surpresa em função de sua fabulosa execução. A partir do momento em que o jogo de pedra, papel e tesoura coloca V no vestido, ele rouba a cena com uma magnífica performance inexpressiva, que inclui até mesmo a maçã envenenada, mas seus anões sorridentes são coadjuvantes incríveis.

Love Yourself: Her foi longe na Coreia do Sul. Estreou como número 1 no chart da Gaon e se tornou o primeiro álbum a vender mais de 1,2 milhão de cópias em dezesseis anos, todas as músicas do álbum entraram para o top 10 do chart da Melon, além de fazer a festa nos programas de música. "DNA" trouxe para o grupo mais dez prêmios em programas de TV, incluindo suas primeiras coroas triplas (três semanas consecutivas) no *Music Bank* e no *Inkigayo*.

O BTS finalizou o *comeback* com outra transmissão especial. Com Jin atuando como MC, *BTS Countdown!* foi uma paródia de *M Countdown*, com um *chart show*, apresentações de música, um minidrama e segmentos de jogos, incluindo um em que dançavam "Boy in Luv" usando apenas a metade inferior do corpo, uma coreografia de "Fire" em *slow motion* e a punição de encerramento em que o time perdedor (V, J-Hope e Jimin) foi obrigado a dançar em ritmo acelerado sua música votada como a melhor de todos os tempos: "DNA".

Love Yourself: Her não poderia fracassar. Os mais de um milhão de álbuns comprados em pré-venda garantiam isso... mas seu sucesso foi talvez ainda maior do que podiam esperar. No dia do lançamento, o álbum imediatamente alcançou o primeiro lugar no chart de melhores álbuns do iTunes, em mais de setenta países. Chegou ao primeiro lugar no Japão na segunda semana, ao sétimo da Billboard 200 e, pela primeira vez, entrou para o chart dos quarenta melhores no Reino Unido, alcançando o 14º lugar. Enquanto isso, ficou em primeiro lugar nos *trendings* do YouTube, uma conquista inédita para um grupo de K-pop.

21

SEUL CORAÇÃO E SUA ALMA

Após o *comeback*, o BTS teve a chance de investir algum tempo em projetos pessoais, com destaque para o desejo de apoiar #ENDViolence, uma campanha realizada pela Unicef, instituição internacional pelos direitos das crianças, para que crianças e adolescentes pudessem deixar de viver com medo da violência. Junto com a Big Hit, o grupo patrocinou a hashtag, doando aproximadamente US$ 447.000 para a campanha e 3% da receita das vendas do álbum físico da série *Love Yourself*.

O item seguinte em sua lista de projetos era um presente para a cidade que havia se tornado seu lar: a capital sul-coreana, Seul. Para apoiar o departamento de turismo da cidade, lançaram uma faixa grátis chamada "With Seul", um hino pop alegremente orquestrado para a cidade, cantado pela *vocal line*. O vídeo, que mostrava o grupo todo gravando a música e algumas paisagens da cidade, foi lançado no site oficial do departamento de turismo, que logo travou quando os fãs tentaram assisti-lo.

O BTS também encontrou tempo para ser criativo com a caneta. Versões desenhadas de si mesmos, como os Hip-hop Monsters e os super-heróis de We On, não eram novidade para eles. Line, um aplicativo de mensagens japonês, deu-lhes a oportunidade de desenhar personagens para uma coleção de emojis. E os meninos criaram um conjunto de sete adoráveis amigos: RJ, a gentil alpaca de agasalho (Jin); Chimmy, o cachorrinho ansioso por agradar

(Jimin); o cookie mágico chamado Shooky que tem medo de leite (Suga); Mang, o pônei dançante mascarado (J-Hope); o supercurioso Tata com rosto de coração (V); Cooky, o coelhinho que quer ser durão (Jungkook); e Koya, o pensativo, ainda que sonolento coala (RM). Eles até inventaram um personagem para o Army, o robô espacial protetor dos amigos chamado Van. Se não achá-los incrivelmente fofos, não há esperança para você.

Em dezembro, foi a vez do BTS ganhar um presente: um novo dormitório. Bem, era mais um apartamento de luxo do que um dormitório, já que se mudaram para Hannam The Hill, o complexo de apartamentos mais seleto e caro de Seul. Embora muitos grupos de *idols* decidam morar separadamente quando alcançam o sucesso, os meninos do BTS são muito próximos e optaram por ficar juntos, ainda que pelo menos cada um deles tenha seu próprio quarto agora.

Embora muitos grupos de K-pop decidam morar separadamente quando alcançam o sucesso, os meninos do BTS são muito próximos e optaram por ficar juntos.

Não que eles tivessem muito tempo para se instalar, já que logo partiram para os Estados Unidos, convidados a se apresentar no AMAs 2017. Um feito e tanto, considerando que foram o primeiro grupo coreano a receber esse convite. Poderiam impressionar o público dos Estados Unidos cantando "DNA" em coreano? Em sua primeira grande aparição televisionada nos Estados Unidos? Na verdade, como dizem nos Estados Unidos, os meninos já os conquistaram no *hello*.

A *Vogue*, grande autoridade em matéria de estilo, declarou que o BTS arrasou no tapete vermelho em ternos pretos elegantes, cortesia do designer Anthony Vaccarello, da Saint Laurent. "Juntos, reforçaram sua mensagem de estilo compartilhado com um toque pessoal", elogiou a *Vogue*. "Não será a última vez que vamos vê-los." Antes mesmo de subirem ao palco, os garotos foram flagrados pela câmera dançando em seus lugares e balbuciando todas as palavras de "Sorry Not Sorry", da Demi Lovato, mas ninguém (exceto os milhares de Armys ao redor do mundo) sabia o que estava para acontecer quando The Chainsmokers apresentou esses sete rapazes incrivelmente bonitos, usando as roupas da apresentação de "DNA": calças jeans e jaquetas Gucci variadas.

A complexa coreografia saiu perfeita, a sincronização foi precisa e os meninos interagiram magnificamente com o público, incluindo os telespectadores. Em resumo, a apresentação foi impecável. Liderados por Armys aos gritos, a plateia, incluindo as celebridades, aplaudiu o BTS de pé. "Preciso de um instante para me recuperar dessa apresentação", disse o apresentador Jared Leto logo depois. Ele não era o único.

> **Sua apresentação [no AMAs 2017] foi impecável.**

A reação pós-evento também foi incrível. O Twitter pegou fogo com o Army e os novos fãs falando sobre a performance deles em mais de 20 milhões de tuítes. "A única coisa que interessava a todos no AMAs era a *boy band* sul-coreana BTS", dizia a manchete do *Mashable*. E isso numa noite em que Shawn Mendes, Selena Gomez e Christina Aguilera também tinham se apresentado. O BTS poderia ter estado com eles se tivesse participado da festa pós-show repleta de artistas. E por que não foram? Simplesmente porque queriam compartilhar seu primeiro momento fora do palco com os fãs. Em uma transmissão ao vivo do quarto de hotel, falaram sobre a apresentação, que Suga ficara tão nervoso que seu microfone tremia e que várias estrelas — Jin é silenciado ao mencionar Zedd — haviam se oferecido para colaborar com eles.

Mas um americano fora mais rápido do que os outros artistas. O lendário DJ e produtor Steve Aoki remixara "MIC Drop" para o mercado dos Estados Unidos e o resultado estava prestes a ser conhecido. O remix transformou a música em uma faixa só de rap, com Aoki sobrepondo uma batida de EDM, acrescentou versos em inglês e incluiu a participação do rapper norte-americano Desiigner. A faixa tem um ótimo videoclipe, com os meninos usando tanto o antigo look hip-hop preto e branco quanto o novo visual colorido. Mostra Aoki produzindo a faixa quando o BTS se liberta de uma sala de interrogatório e enfrenta seus *haters* de capuz preto. Eletrizante.

Após ter "descoberto" o BTS, a televisão americana queria mais. O Army lotou o público do *The Ellen DeGeneres Show*, a ponto de Ellen comparar a chegada deles com a recepção que os Beatles tinham recebido nos Estados Unidos na década de 1960. Com a ajuda de um intérprete, Ellen perguntou sobre as mensagens de "consciência social" das músicas e até ousou perguntar se tinham "ficado" com alguém do Army. Quando entenderam o que ela queria dizer, a reação completamente atônita dos garotos por si só foi uma resposta. No programa, apresentaram a nova versão de "MIC Drop", o que provavelmente os ajudou a se tornar o primeiro grupo de K-pop a alcançar o primeiro lugar nos charts do iTunes americano.

Antes do AMAs, eles gravaram um pequeno show para o *Jimmy Kimmel Live!*. Diante de uma multidão enlouquecida de cerca de mil fãs em Los Angeles, os garotos tocaram "Go Go", "Save Me", "I Need U", "Fire" e "MIC Drop (Remix)", que foi exibido no programa (o show completo foi publicado no canal de YouTube de Kimmel). Em um curto segmento do programa, Kimmel apresentou o BTS, explicando quantos Armys apaixonados tinham esperado na fila para o show. Então, o vídeo mostrou algumas das mães das fãs sendo tiradas da fila e levadas para o estúdio, onde se comunicaram por FaceTime com as filhas que morreram de ciúmes ao vê-las com os meninos. As garotas só se divertiram com a brincadeira quando também foram levadas para conhecer o grupo!

Mais diversão e brincadeiras esperavam por eles em *The Late Late Show with James Corden*. Antes de apresentarem "DNA", o grupo foi persuadido a participar de um jogo em que ficavam atrás de uma parede de plexiglass, tentando não se encolher enquanto Corden atirava frutas neles usando um canhão de alta pressão de ar. Jin e J-Hope, descritos por RM como os maiores covardes do grupo, foram os primeiros e provaram que seu líder estava certo ao se assustarem (Jin) e caírem de forma hilária (J-Hope). Embora Jimin, Suga e RM, os últimos três a participar, tenham sido bastante corajosos, ainda assim se encolheram, deixando o imperturbável V e o tranquilo Jungkook saírem como vencedores. A brincadeira é muito divertida e vale a pena procurar o vídeo no canal do programa para assistir online.

O BTS encerrou aquele ano inesquecível pisando no Gocheok Sky Dome, em Seul, em dezembro de 2017, para as apresentações finais de uma turnê mundial de *Wings*, que incluiu 32 shows em dez diferentes países. Foi um retorno triunfante, três horas empolgantes que o *Korea Herald* descreveu como "emotivo, bonito e esplêndido". Não era apenas o final de uma longa turnê, mas o final de uma trilogia que havia começado em 2014, numa época em que muitos ainda duvidavam deles.

Mais do que nunca, o ano-novo foi um período de celebração. O single japonês recentemente lançado, "Crystal Snow", uma balada adornada pelos vocais cheios de sentimento de Jin, não só alcançara o primeiro lugar nos charts japoneses, mas se saíra muito bem nos charts do iTunes pelo mundo todo. Enquanto isso, nos Estados Unidos, o grupo permanecia em alta, com performances pré-gravadas de "MIC Drop" e "DNA" aparecendo no icônico programa de TV *Dick Clark's New Year's Rockin' Eve with Ryan Seacrest.*

À medida que a temporada de premiações começava, milhões de pessoas por todo o mundo acompanhavam o progresso do BTS, e as expectativas eram altas. Mas essas pessoas não ficariam desapontadas. Os meninos ganharam *daesangs* no MAMA (Artista do Ano por dois anos consecutivos!), MMA (prêmios de Canção do Ano e Artista Global), conquistaram seu primeiro *daesang* no Golden Disc Awards por *Love Yourself: Her*, *daesang* de Artista do Ano no Seoul Music Awards e, talvez a distinção mais impressionante, tornaram-se o primeiro grupo *idol* a ganhar o prêmio de Artista do Ano do Korean Music Awards, uma prestigiado prêmio concedido por críticos e profissionais de música.

O BTS se tornou o primeiro grupo *idol* a ganhar o prêmio de Artista do Ano do Korean Music Awards.

O início da primavera foi um período estranho, e os fãs esperavam impacientemente por novidades. Já não era hora de lançarem o próximo *Love Yourself*? Os rumores sobre uma turnê global seriam mesmo verdade? O BTS voltaria para os Estados Unidos para o Billboard Music Awards? Essas perguntas não seriam respondidas em breve. Mas em 1º de março os fãs tiveram algo com que se animar: o lançamento da mixtape *Hope World*, de J-Hope. Falava-se sobre isso há tanto tempo que o Army já quase desistira, mas a espera valera a pena. A mixtape trazia uma incrível reunião de faixas positivas e animadas que só o próprio raio de sol do BTS poderia garantir. Algumas horas após seu lançamento, *Hope World* alcançou o topo dos charts de álbuns do iTunes em mais de sessenta países e o videoclipe de J-Hope para a música principal, "Daydream", obteve 12 milhões de visualizações no YouTube nas primeiras 24 horas.

O YouTube já era parte integrante da história de sucesso do BTS, então era apropriado que o novo documentário *Burn the Stage* fosse lançado exclusivamente no site (os dois primeiros episódios são gratuitos, e o restante faz parte do serviço pago YouTube Red). A série, que retrata os bastidores da turnê *Wings*, de 2017, é irresistível. Como um grupo que sempre foi franco e sincero, eles não se seguram e permitem que as câmeras vejam seus momentos de insegurança, seus medos e desentendimentos, assim como a euforia, a diversão, o amor e o respeito que têm um pelo outro.

Não faltam dramas na série: vemos Jungkook desmaiar em razão do calor e uma discussão inflamada entre V e Jin em razão da posição no palco, além de momentos divertidos como Jungkook colocando uma bolinha de chocolate no macarrão de Jin, e Jin pensando que se trata de um cogumelo. O mais incrível é que tudo o que aprendemos sobre o BTS é verdade: eles trabalham até a exaustão, importam-se uns com os outros e se envolvem em todos os aspectos das suas apresentações, da música até a produção. E se você acha que as palavras deles não são sinceras, os episódios mostram o quanto apreciam o amor e sentem que devem retribuir a lealdade do Army.

Os episódios mostram o quanto apreciam o amor e sentem que devem retribuir a lealdade do Army.

Com o fim da série, vemos novidades acontecerem no mundo do BTS. No início de abril, a empresa de eletrônicos LG anunciou uma nova associação com o grupo. Até aí nada de mais. No entanto, a foto da campanha deixou o Army de boca aberta. Sim, todos os sete garotos estavam de cabelo escuro pela primeira vez! Não é de admirar que #BTSBlackHairParty estava entre os *trending topics* do Twitter no mundo inteiro. Dois dias depois, foi lançado *Face Yourself*, um álbum japonês com doze faixas. Não era o álbum pelo qual estavam esperando, mas o Army pelo menos tinha músicas novas do BTS para curtir. Além das versões japonesas de "Blood, Sweat & Tears", "DNA" e "MIC Drop", foram lançadas novas faixas de introdução e duas músicas inéditas: "Don't Leave Me" e "Let Go".

"Don't Leave Me" é uma música forte e emotiva com base de EDM que finalmente coloca Jin em destaque. E ele prova que merece com alguns sopranos de cair o queixo. "Let Go", por sua vez, é uma balada sentimental com variações de intensidade. É notável o inglês perfeito de Jimin nessa música. O álbum, é claro, alcançou o primeiro lugar no Japão, mas os fãs do BTS estava tão ansiosos por material novo que entrou nos charts do mundo inteiro.

Em 5 de abril, o BTS apareceu em um vídeo no DreamStillLives.com, um projeto para homenagear o ativista de direitos civis Dr. Martin Luther King Jr., que fora assassinado há exatamente cinquenta anos. O grupo fora convidado a participar pelo organizador do projeto, a lenda americana do soul Stevie Wonder, junto a outros rostos famosos como Barack e Michelle Obama, Mariah Carey, Meryl Streep e Elton John.

Nesse mesmo dia, foi lançado um vídeo de nove minutos chamado "Euphoria: Theme of Love Yourself Wonder". Seria o prenúncio do tão esperado álbum? Muitos pensaram que sim. Uma introdução dramática incluía clipes de vídeos anteriores ao som de "Clair de Lune", do compositor clássico Debussy. Então, de repente, uma mudança brusca e o vocal incrível de Jungkook se erguia sobre um fundo pop de sintetizador. Com uma mudança de cenário, víamos os meninos usando roupas coloridas, mas simples, divertindo-se. Por fim, a última parte mostrava os garotos de branco na beira da água onde V saltara do píer no vídeo "On Stage: Prologue". Mais uma vez, os fãs tinham mais perguntas do que respostas, mas o Army não se importava. Se você gosta de elaborar teorias, talvez ajude saber que a mensagem no quadro final significa: "*Hyung*, isso é tudo?"

Os fãs tiveram duas semanas para resolver o mistério antes do anúncio do novo álbum, que, para grande surpresa, iria se chamar *Love Yourself: Tear* e não *Wonder*, como muitos tinham pensado. O trailer de *comeback*, "Singularity", publicado no YouTube em 6 de maio, trazia um solo de V. Escrita por RM, a elegante faixa de R&B, com música do produtor britânico Charlie J. Perry, foi admiravelmente complementada por um vídeo cativante em que V dança sozinho ou com dançarinos de apoio em exuberantes cenários ou com um motivo de máscara recorrente. Era apenas um integrante, mas o suficiente para convencer o Army de que algo importante estava para acontecer.

As fotos-conceito serviram apenas para aumentar a empolgação. Mais uma vez haveria quatro versões, dessa vez soletrando *Y*, *O*, *U*, *R*, embora as fotos não tenham sido divulgadas nessa ordem. Os sete meninos arrasaram na versão *R*, vestindo calça e blusa jeans. A sessão *O* foi composta por encantadoras fotos em preto e branco. A versão *Y* mostrava os integrantes posando contra um céu azul em cores intensas. Por fim, a versão *U* trazia o look de roupas brancas visto no final do vídeo "Euphoria". Enquanto as pessoas esperavam o álbum sair, só se falava na faixa principal, "Fake Love", que apresentariam pela primeira vez no BBMAs. O BTS fora mais uma vez indicado ao prêmio de top social artist e o Army apostava que os meninos o levariam para casa.

Para o Army, pareceu uma eternidade, mas o dia 18 de maio finalmente chegou. A caixa do CD era semelhante a de *Love Yourself: Her*, mas dessa vez com o título em branco sobre um fundo preto. Incluía o caderno de fotos de costume e cartões fotográficos, mas também um minilivro de vinte páginas de "anotações", com mais histórias em estilo de diário de cada um dos membros. O CD em si continha onze novas faixas, começando pela que V cantara no trailer, "Singularity". Os meninos já estavam nos Estados Unidos no dia do lançamento, mas a magia do V-Live permitiu que transmitissem o *preview* para mais de 3 milhões de espectadores.

O BTS fez uma extensa divulgação do álbum, mas nenhuma entrevista agradou tanto quanto o vídeo do Buzzfeed no YouTube "BTS Plays with Puppies Answering Fan Questions". Não foi possível conseguir muita informação, mas, ei... filhotinhos de cachorros e os Bangtan Boys: como não gostar? Mais informativa, ainda que menos fofa, foi a entrevista de RM com Liam McEwan, da revista *J-14*. Ele delineou precisamente o tema de *Love Yourself: Tear*, dizendo: "Basicamente, o amor é complexo. Alguns lados nos fazem sentir mal ou deprimidos. Pode haver lágrimas e tristeza. Dessa vez queríamos focar em algumas das partes do amor das quais queremos fugir. Por isso o nome é *Tear*."

"Fake Love", a segunda e principal faixa, trata disso e é uma combinação de tirar o fôlego de batidas épicas, rap rock, vocais exuberantes e harmonias, com um refrão que não sai da cabeça. Enquanto isso, o vídeo usa várias marcas registradas do BTS: dança contemporânea, movimentos sincronizados e precisos, explosões, chamas e inundações em cenários incríveis, corridas desesperadas... O vídeo foi devorado pelos fãs assim que publicado, obtendo 4,8 milhões de visualizações na primeira hora, e #FakeLoveFRIDAY chegou aos *trendings* do Twitter.

O vídeo obteve 4,8 milhões de visualizações na primeira hora, e #FakeLoveFRIDAY chegou logo aos *trendings* do Twitter.

O álbum em si é um triunfo da variedade de gêneros. Os garotos passam sem esforço da doce balada com acompanhamento de piano "The Truth Untold", escrita e produzida por Steve Aoki (de "MIC Drop"), para as flautas e guitarra jazzística de "134340", que usa o planeta-anão Plutão como uma metáfora para o amor perdido. Em "Paradise", eles reasseguram à sua geração que podem aproveitar o momento e ignorar o fardo de seus sonhos e ambições. A bela harmonia de "Love Maze", com traços do estilo de rap de 2013 do BTS, completa a primeira metade do álbum.

A segunda metade parece embrulhada para presente para o Army. "Magic Shop", escrita por Jungkook (seu primeiro crédito), oferece aos fãs força. "Airplane Pt. 2", uma continuação da popular faixa da mixtape de J-Hope, é uma festa psicodélica com uma fabulosa batida hispânica (talvez influenciada pelo sucesso de "Despacito"). As duas faixas seguintes estavam destinadas a ficar entre as preferidas pelos fãs. "Anpanman" (nome do super-herói de um anime infantil japonês) são três minutos de pura diversão para fazer os fãs dançar e cantar junto. "So What", por sua vez, é o tipo de hino empolgante que une o Army e o BTS nos shows. Por fim, temos "Outro: Tear". Dessa vez não se trata de nenhuma balada doce, e sim a *rap line* disparando uma música de rompimento amarga e furiosa, encerrando o álbum de maneira desafiadora. Não havia dúvidas: os Bangtan Boys tinham conseguido de novo.

Enquanto o grupo se preparava para o Billboard Music Awards em Las Vegas, *Love Yourself: Tear* e "Fake Love" alcançavam o topo dos charts do iTunes em mais de sessenta países. Pelo mundo inteiro, fãs viram o BTS caminhar pelo tapete magenta em um feed ao vivo no Twitter. Os garotos estavam bastante estilosos, usando sete trajes Gucci diferentes. RM de óculos escuros e camisa havaiana, Jin, muito elegante de colete e gravata, e J-Hope de blazer escolar e camisa amarela. E desfilaram completamente à vontade pelo tapete.

"Fake Love" alcançou o topo dos charts do iTunes em mais de sessenta países.

Os garotos encantaram o público, mandando uma mensagem para seus fãs na Coreia e revelando sua regra de "não tuitar quando estão bêbados". Encontraram algumas celebridades que já conheciam nos bastidores, além de fazer novas amizades, incluindo Taylor Swift, Lil Pump, Pharrell Williams e John Legend. E, claro, ganharam o prêmio de top social artist... de novo. Em seu discurso de agradecimento, RM obviamente dedicou o prêmio ao Army. "Dessa vez tivemos a chance de pensar sobre o que 'social' significa para nós. Alguns de nossos fãs nos disseram que nossa música realmente mudou suas vidas. E agora, graças a vocês, percebemos que nossas palavras carregam mesmo um peso."

Alguns dias depois, os rapazes estavam de volta à televisão americana em uma visita à sua velha amiga Ellen DeGeneres. Diante de outra plateia entusiasmada, RM disse à Ellen que ela fora responsável por ensinar a toda a Coreia do Sul o significado da palavra "ficar" (hook-up) após sua pergunta no encontro anterior. Quando Ellen perguntou se algum integrante da banda tinha namorada, quase todas as meninas da plateia gritaram "me escolhe". No entanto, a "fã" que pulou para cima deles era um ajudante de palco com uma peruca, uma pegadinha preparada pela produção do programa.

BANGTAN BOMB

Apresentação ao vivo de "Fake Love" @ 2018

Diante de um público já aos gritos no BBMAs, os sete garotos apresentaram "Fake Love", com coreografia de Rie Hata (residente em Tóquio), que criava uma cascata de formas, padrões, ondas e movimentos sincronizados, terminando em um abraço em grupo perfeitamente executado e gracioso. A multidão foi à loucura. De Tyra Banks e Rebel Wilson aos Backstreet Boys, várias celebridades quiseram tirar fotos com eles, e a internet quase pifou.

Mais uma vez era hora de voltar a Seul, mas eles não ficariam em casa por muito tempo. Uma nova turnê mundial estava marcada para o outono. A primeira parte da turnê, de quatorze dias, cruzaria o Canadá e os Estados Unidos, e os ingressos já tinham se esgotado. Depois, pela primeira vez o BTS faria uma turnê pela Europa. Os Armys de todo o continente vinham implorando para ver os meninos se apresentarem ao vivo, e agora a Big Hit atendia aos seus pedidos. Dois shows no O2 Arena, de Londres, esgotados em poucos minutos, seriam seguidos por espetáculos em Amsterdã, Berlim e Paris. O Army europeu estava pronto para eles? Mas é claro que sim!

No dia 27 de maio de 2018, os charts semanais da Billboard 200 foram anunciados. *Love Yourself: Tear* era o álbum número 1 nos Estados Unidos. O BTS era o primeiro grupo de K-pop a conseguir esse feito. Quase cinco anos após seu *debut*, eles haviam realizado o impensável: tinham conquistado o mundo.

GLOSSÁRIO

O K-pop tem sua própria cultura e um vocabulário distinto. Dessa maneira, você pode estranhar algumas palavras e conceitos. A seguir, uma lista de algumas palavras coreanas ou específicas do K-pop usadas no livro.

4D: Uma descrição do K-pop para alguém que é peculiar ou excêntrico. Usada como elogio.

Abdômen de chocolate: Músculos abdominais definidos que se assemelham às subdivisões de uma barra de chocolate. Também conhecido como abdômen de tanquinho.

***Aegyo*:** Uma demonstração de fofura através de expressões faciais ou linguagem corporal.

***All-kill*:** Quando uma música fica simultaneamente em primeiro lugar em alguns charts, geralmente logo após o lançamento.

Army: O nome oficial dado aos fãs do BTS, que significa "Adorable Representative MC for Youth".

Bias: Integrante preferido dentro de um grupo.

Big Three: As três maiores e mais bem-sucedidas empresas de entretenimento no K-pop: YG Entertainment, SM Entertainment e JYP Entertainment.

***Bonsang*:** Um prêmio dado a até doze grupos diferentes em uma cerimônia de premiação (menos prestigioso que um *daesang*).

***Comeback*:** Quando um artista lança um novo single, miniálbum ou álbum e o promove com performances ou transmissões de TV.

***Daebak*:** Uma palavra para descrever um grande sucesso ou algo incrível, ou uma exclamação semelhante a "uau!"

***Daesang*:** O prestigiado "Grande Prêmio" de um Music Awards, conferido ao artista, música ou álbum do ano.

Debut: A primeira apresentação de um grupo (geralmente na TV). O lançamento oficial de um grupo é uma oportunidade crucial de impressionar o público.

Destruidor de bias: Um integrante que faz alguma coisa (boa) que leva você a questionar ou mudar de bias.

Fandom: Abreviação de "fan domain", e inclui tudo o que acontece na comunidade de fãs, desde fã-clubes a fóruns online.

Festa: Um festival ou celebração.

Gayo: Qualquer tipo de música pop.

Hallyu: Refere-se à "onda coreana", um interesse crescente pela cultura sul-coreana que se espalhou pelo mundo no século XXI.

Hwaiting!: Uma exclamação de apoio e encorajamento semelhante ao gritos dos fãs de esportes, e que se traduz como "Força!".

Hyung: Uma expressão coreana de respeito usada pelos homens para se referirem a um amigo próximo ou irmão, geralmente mais velho. Pode ser usada sozinha ou junto ao nome, como "Namjoon-hyung".

Idol: Um artista do K-pop comercial e mainstream.

Line: Uma palavra usada para vincular integrantes do grupo ou amigos. Geralmente usada com um ano (por exemplo, 95 line) para agrupar indivíduos nascidos naquele ano ou com uma designação de grupo, como "*rap line*" ou "*vocal line*".

Maknae: O membro mais jovem; como tal, podem ser bobos ou travessos e se espera que sejam fofos.

Miniálbum: Um álbum contendo de quatro a seis músicas.

MV: Abreviatura de "Music Video", geralmente publicado no YouTube.

Noona: Nome que um homem dá a uma mulher mais velha.

Piada *ahjae*: Uma piada ou trocadilho terrível, uma "piada de tio" ou infame.

Rookie: Um grupo que já estreou, mas ainda está em seu primeiro ou segundo ano.

Satoori: Palavra coreana para "dialeto regional".

Selca: Uma selfie.

Single: Um EP com uma música principal e uma ou duas outras músicas.

Stan: Um fã apaixonado. Também usado como verbo, tipo "Você deveria *stanar* Jimin".

Teaser: Fotos, mensagens e vídeos curtos divulgados antes do lançamento de um single, álbum ou show.

Trainee: Um jovem artista contratado por uma empresa de entretenimento para treinar dança, canto e outras artes performáticas com o objetivo de se tornar um *idol*.

Underground: Artistas não comerciais que trabalham fora do *mainstream*. Comparável ao termo musical inglês "indie".

Visual: O integrante do grupo que é considerado o mais bonito ou um integrante que é incluído no grupo por causa de sua aparência.

AGRADECIMENTOS

Gostaria de agradecer a Louise Dixon, da Michael O'Mara Books, por iniciar o projeto, a George Maudsley e Becca Wright, por seus conselhos editoriais inestimáveis e assistência, assim como à Becca, por reconhecer o potencial deste livro e fazer muitas observações criteriosas. Nick Fawcett, muito obrigado por editar o texto. Também sou profundamente grato à Lisa Hughes e Nora Besley por sua disposição para ler rascunhos e conversar interminavelmente sobre o BTS. Por fim, gostaria de agradecer aos Armys do mundo inteiro, que, com seu empenho em gravar, traduzir e escrever sobre todos os aspectos do BTS e do K-pop, ajudaram-me imensamente.

CRÉDITOS DAS IMAGENS DO CADERNO DE FOTOS

Página 1: Han Myung-Gu/WireImage/Getty Images (alto); ilgan Sports/Multi-Bits via Getty Images (baixo).

Página 2: Frazer Harrison/Getty Images (alto à esquerda, alto à direita, baixo à direita); Jeff Kravitz/FilmMagic/Getty Images (baixo à esquerda).

Página 3: Frazer Harrison/Getty Images (alto e baixo); Kevin Mazur/WireImage/ Getty Images (centro).

Página 4: Han Myung-Gu/WireImage/Getty Images (ambas).

Página 5: Han Myung-Gu/WireImage/Getty Images (alto); Paul Zimmerman/ Getty Images (baixo).

Página 6: John Shearer/Getty Images (alto); TPG/Zuma Press/PA Images (baixo).

Página 7: RB/Bauer-Griffin/GC Images/Getty Images (alto); Lionel Hahn/ABACA/ PA Images (baixo).

Página 8: Frank Micelotta/PictureGroup/SIPA USA/PA Images.

Página 9: Frank Micelotta/PictureGroup/SIPA USA/PA Images (alto à esquerda); Jeff Kravitz/FilmMagic/Getty Images (alto à direita); REX/Shutterstock (baixo à esquerda); Yonhap/Yonhap News Agency/PA Images (baixo à direita).

Página 10: Yonhap/Yonhap News Agency/PA Images (alto); Santiago Felipe/Getty Images (baixo).

Página 11: Yonhap/Yonhap News Agency/PA Images (ambas).

Páginas 12-13: Yonhap/Yonhap News Agency/PA Images.

Página 14: John Salangsang/BFA/REX/Shutterstock (alto); Kevin Mazure/ WireImage/Getty Images (baixo).

Página 15: Ethan Miller/Getty Images (alto); Kevin Mazur/BBMA18/WireImage (baixo).

Página 16: Yonhap/Yonhap News Agency/PA Images (alto); Terence Patrick/CBS via Getty Images (baixo).

Este livro foi composto na tipografia
Minion Pro, em corpo 11/16, e impresso
em papel off-white no Sistema Cameron da
Divisão Gráfica da Distribuidora Record.

Veja aqui os Bangtan Boys com cara de bebês apresentando-se no *Show Champion*, da MBC Music, em Seul, na Coreia do Sul, em outubro de 2013, apenas alguns meses após debutarem (acima), e no tapete vermelho do terceiro Gaon Chart K-pop Awards em Seul, em fevereiro de 2014 (abaixo).

RM

SUGA

JIN

J-HOPE

JIMIN

V

JUNGKOOK

Cada um dos garotos traz algo diferente para a banda; aqui estão eles no Billboard Music Awards, em Las Vegas, EUA, em maio de 2018: lindos e, pela primeira vez, todos exibindo cabelos escuros ao mesmo tempo, o que levou o Army à loucura ao descobrir essa novidade na campanha da LG.

Alto: Os garotos arrasando com seu *street style* no tapete vermelho do Incheon Korean Music Wave em Incheon, Coreia do Sul, em setembro de 2013.

Baixo: Aqui mostram como suas escolhas de moda são versáteis, usando todos o mesmo terno elegante em outra aparição no *Show Champion*, da MBC Music, em Ilsan, Coreia do Sul, em março de 2014.

Alto: De volta ao tapete vermelho em ternos marrom-avermelhados para o quinto Gaon Chart K-pop Awards, com Suga, RM e Jimin exibindo lindos cabelos coloridos, em Seul, Coreia do Sul, fevereiro de 2016.

Baixo: O BTS incendeia o palco em uma apresentação ao vivo de "Fire" na KCON em Nova Jersey, EUA, junho de 2016.

O "Mundialmente Bonito" Jin se tornou viral com a #ThirdOneFromTheLeft, mas os outros garotos também estavam ótimos no BBMAs em Las Vegas, quando começavam a chamar a atenção nos EUA (acima). Ganhar o prêmio de "Top Social Artist" foi muito importante para o BTS, e eles comemoraram em grande estilo em uma coletiva de imprensa em Seul, Coreia do Sul, em maio de 2017 (abaixo).

Alto: Os meninos no programa *Jimmy Kimmel Live!*, em que presentearam os fãs com uma apresentação que incluiu "Go Go", "Save Me", "I Need U", "Fire" e "MIC Drop (Remix)", em Los Angeles, EUA, novembro de 2017.

Baixo: Posando para as câmeras nos bastidores do AMAs, em Los Angeles, EUA, novembro de 2017.

O BTS conquista os Estados Unidos: no palco do AMAs durante uma performance de cair o queixo de "DNA", Los Angeles, EUA, novembro de 2017.

RM, Jimin e J-Hope com um look naturalmente charmoso nos BBMAs de 2018.

Jungkook e V durante uma performance impressionante de "DNA" no AMAs, de 2017.

SOPE! J-Hope e Suga apresentando-se no programa *Jimmy Kimmel Live!*, em 2017.

Jin e Jungkook mostrando como são avassaladoramente bonitos no lançamento de *Love Yourself: Her*, em 2017.

Alto: BTS e o apoio a empreendimentos de caridade: aqui, promovendo sua campanha LOVE MYSELF, em parceria com a UNICEF para acabar com a violência contra crianças e adolescentes (#ENDviolence), Seul, Coreia do Sul, novembro de 2017.

Baixo: Intervalo rápido para uma selfie numa visita à Music Choice em Nova York, EUA, março de 2017.

Alto: *Daesang!* Os garotos consolidam sua posição como o grupo número um da Coreia do Sul, aqui recebendo o grande prêmio no Seoul Music Awards em janeiro de 2018.

Baixo: Em uma coletiva de imprensa para o lançamento de *Love Yourself: Tear*, Seul, Coreia do Sul, maio de 2018.

J-Hope, Jungkook, V, Jin, RM, Suga e Jimin fazendo charme para as câmeras nas fotos-conceito de *Love Yourself: Tear*, maio de 2018.

Os rapazes de volta ao BBMAs em Las Vegas, EUA, em maio de 2018, para receber o prêmio de "Top Social Artist" pelo segundo ano consecutivo... e fazer uma apresentação muito especial de "Fake Love". Aqui estão eles (no sentido horário a partir de cima) se divertindo no tapete vermelho, apresentando-se no palco, nos bastidores com o troféu e na plateia.

Alto: BTS como sempre arrasando no visual nesta foto lançada em junho de 2018 para comemorar o sucesso de seu álbum em japonês *Face Yourself*.

Baixo: Uma apresentação eletrizante de "Fake Love" no *The Late Late Show with James Corden* em Los Angeles, nos EUA, em junho de 2018, mostrando ao mundo o quanto são talentosos... e como chegaram longe.